U0569063

红色中车

HONGSE ZHONGCHE

GUOJIA MINGPIAN DE HONGSE JIYIN

国家名片的红色基因

严 鹏／著

中国人民大学出版社

·北京·

图书在版编目（CIP）数据

红色中车：国家名片的红色基因 / 严鹏著. -- 北京：中国人民大学出版社，2021.9

ISBN 978-7-300-29892-4

Ⅰ. ①红…　Ⅱ. ①严…　Ⅲ. ①机车—车辆工厂—概况—中国　Ⅳ. ①F426.472

中国版本图书馆CIP数据核字（2021）第185758号

红色中车

国家名片的红色基因

严鹏　著

出版发行	中国人民大学出版社		
社　　址	北京中关村大街31号	**邮政编码**	100080
电　　话	010–62511242（总编室）		010–62511770（质管部）
	010–82501766（邮购部）		010–62514148（门市部）
	010–62515195（发行公司）		010–62515275（盗版举报）
网　　址	http：//www.crup.com.cn		
经　　销	新华书店		
印　　刷	北京宏伟双华印刷有限公司		
规　　格	170mm × 240mm　16开本	**版　　次**	2021年9月第1版
印　　张	14 插页 2	**印　　次**	2021年9月第1次印刷
字　　数	191 000	**定　　价**	58.00元

编 委 会

序

我国经济已由高速增长阶段转向高质量发展阶段，装备制造业是高质量发展的重中之重，振兴装备制造业是我国融入新一轮科技和产业革命的重要战略选择。近年来，中国轨道交通装备形成完整产业链条走出国门，成为中国高端装备制造业的代表之一，体现了中国中车人的砥砺奋斗和创新发展。

习近平总书记持续关注轨道交通高端装备制造产业。从 2018 年的新年贺词提出“复兴号奔驰在祖国广袤的大地上”，到当年两院院士大会评价“复兴号高速列车迈出从追赶到领跑的关键一步”；从 2021 年 1 月 19 日视察京张高铁时指出“我国自主创新的一个成功范例就是高铁，从无到有，从引进、消化、吸收再创新到自主创新，现在已经领跑世界”，到 5 月 28 日两院院士大会将“时速 600 公里高速磁浮试验样车成功试跑”总结为高端产业取得的新突破，习近平总书记对中车装备产品的评价是对中车取得成果的高度肯定，更是对中车高质量发展的期待与鞭策。

140 年前，从胥各庄修车厂起步的中国中车，在创业之初就承载着实业兴邦、产业报国的使命，致力于为国家塑名片、为民族铸品牌，研制出了“复兴号”系列动车组，形成了中国标准，为我国跨入高铁时代、为人民改善出行体验做出了特殊贡献。

140 年来，中车人矢志不渝、接续奋斗，不断丰富红色精神内涵和实质。新民主主义革命时期的斗争精神、社会主义革命和建设时期的主人翁精神、改革开放时期的火车头精神、进入新时代的高铁创新精神，是中车红色精神在不同历史时期的具体体现，这些红色基因不断为企业发展注入红色动力。站在“两个大局”和“两个一百年”奋斗目标的历史交汇点，中国中车以“跳出行业看中车、立足全球看中车”的视野和远见，主动服务国家战略、积极践行产业兴国，向全球发布了“建设受人尊敬世界一流企业”的战略发展愿景，奏响了时代强音。

投身革命洪流是铁路工业弘扬民族精神的鲜红底色。20 世纪初期，因铁路而生的中车企业，培育了我国早期的产业工人队伍，成为中国工人运动的策源地，是中国共产党领导的第一次工人运动高潮的重要力量。中车所属企业，诞生了多个企业所在地的第一个党支部、第一个工会组织、第一个共产党员，还涌现出了王荷波、邓培、孙云鹏、林祥谦等中国共产党早期领导人和工人运动领袖，成为传播马克思主义、播撒革命火种、领导工人运动的重要阵地，凝炼成了“听党话、感党恩、跟党走”的政治品格，铸成了独特的“红色基因”，形成了一代代中车人信仰的种子和精神的内核。

担当时代重任是中国中车传承红色基因的鲜明标志。新中国成立后，中国中车与党同心同向，成为社会主义革命和建设的主力军。以无私奉献、顽强拼搏的精神，创造出众多“新中国第一”，奠定了中国铁路工业现代化的发展基础，为新中国经济建设和社会发展贡献了力量。改革开放以来，中国中车用红色铸魂，用开拓创新锻造发展引擎，咬定高速重载目标不放松，助力铁路运输大发展。铁路牵引动力实现现代化，货运技术达到世界先进水平，客运时速经过六次铁路大提速有了质的飞跃，有力支撑了铁路这一国民经济大动脉的运行，为中国经济腾飞注入活力。

铸就民族品牌是中国中车奔向崭新征程的鲜活动力。进入新时代，中国中车以制造大国重器为己任，扛起了交通强国的时代担当。从“中华之星”“中原之星”动车组到“和谐号”“复兴号”高速列车，从第一代国产地铁列车到中国标准地铁列车，中车人用引领未来的豪气和壮志，持续发扬自立自强、自主创新的精神，努力成为原创技术策源地和现代产业链链长。时至今日，中国中车已经发展成为全球规模领先、品种齐全、技术一流的轨道交通装备供应商，成为一张亮丽的国家名片。

历史证明，中国中车是伴随着党领导的新民主主义革命而逐步建立的，伴随着我国社会主义建设和改革开放而不断成长的，伴随着新时代党和国家事业蓬勃发展而不断进步的。中国中车的发展，是我国近现代工业发展的缩影；中国中车的成就，是我国高端装备制造业取得世界瞩目成就的具体体现。

回望过去，是为了更好地建设未来。回顾提炼中车红色基因和精神图谱，就是要从历史中汲取智慧和力量，让红色历史成为极富魅力的百科全书，让红色文化成为中车员工的精神源泉，为实现中华民族伟大复兴的中国梦提供不竭动力。

追望大道，矢志不渝。希望中国中车手握历史的“接力棒”，把“红色故事”一代代讲下去，把“红色基因”一代代传承下去，在新的起点上把“连接世界、造福人类”的事业不断推向前进。

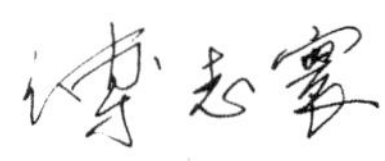

2021年6月

序二

近代以来，中华民族面临着两大历史任务：一是寻求民族独立和人民解放，彻底摆脱帝国主义、封建主义和官僚资本主义的剥削和压迫；二是实现国家繁荣富强和人民共同富裕，建设社会主义现代化国家。这两大任务既呈现出历史阶段上的紧密联系，又呈现出历史过程中的紧密联系。前一大历史任务的完成将为实现社会主义现代化扫清障碍，后一大历史任务的完成将为中华民族带来灿烂的未来。中国人民在中国共产党的领导下，在百年的历史进程中为完成第一大历史任务进行了可歌可泣的英勇斗争，抛头颅、洒热血，前赴后继、视死如归。在近代中国历史舞台上，面对中国积贫积弱的境地，一些历史人物和政治力量曾经进行了各种探索，希望推动中国社会经济的变革，但是由于阶级局限和时代限制，无论是他们发动的洋务运动、太平天国起义及义和团运动、戊戌变法，还是结束了中国封建统治的资产阶级革命——辛亥革命，最终都未能彻底完成实现中华民族伟大独立和中国人民彻底解放的历史任务。完成这一大历史任务的重担当然地落在了中国共产党肩上。

在半殖民地半封建社会背景下，早期中国工业化的发生发展同样很不顺利，经历了一个畸形的发展过程。无论从早期工业化的投资主体、产业结构、产业布局，还是所有制结构、技术依赖、企业管理方式，都与资本主义世界市场的需要和中国半殖民地半封建社会的国际地位息息相关，早期中国工业化和中国资本主义经济，都处于世界资本主义体系的边缘和外围。尽管历届中国政府也出资兴办了一些近代企业，但这些企业及其产品根本无法承担富国强兵的任务，无论是从数量规模还是从质量效益上看，这些政府创办的近代企业都无法与帝国主义在华企业的实力相比。在外国资本和官僚资本夹缝中生存的中国民族资本，更是难以争得发言权，无论是资本数量和所能够依仗的政治力量，都与前二者不可相提并论。外国资本独享特权、官僚资本先天不足、民族资本弱小分散，成为早期中国工业化的突出特点。正是这种特点决定了中国工人阶级承受着帝国主义、封建主义和官僚资本主义的多重压榨，处于特别悲惨的地位。中国早期工人阶级力量的发展和工人运动的兴起，是与中国工业这种资本性质密切相关的。这些特点为中国共产党领导工人阶级开展斗争准备了条件。

首先，中国工人阶级在地域分布上相对比较集中。近代中国通商口岸由于集中了一大批近代企业，诞生了中国最早的工人群体。这些早期的工人群体，人数虽少但分布集中。到中国共产党成立前后，位于中国的沿海地区或者地处交通要道的大城市，成为全国工人阶级最集中的地方。从工人人数来看，到中国共产党诞生之前，中国工人阶级大约有289万人[①]，已经是一支重要的社会政治力量了；从产业部门来看，面粉纺织、矿山开采和交

① 刘明逵，唐玉良．中国工人运动史：第1卷．广州：广东人民出版社，1998：73．

通运输等工业部门，特别是航运、港口、铁路等工业领域，工人最为集中。

其次，中国工人阶级承受着帝国主义、封建主义和官僚资本主义的多重压迫，处境十分悲惨。毛泽东早在1939年12月撰写的《中国革命和中国共产党》中就指出，“中国无产阶级身受三种压迫（帝国主义的压迫、资产阶级的压迫、封建势力的压迫），而这些压迫的严重性和残酷性，是世界各民族中少见的”①。当时中国工人的劳动时间之长、劳动强度之大、劳动条件之恶劣和实际收入之低都是世所罕见的。据有关资料披露，20世纪20年代中国工人阶级每天劳动时间都在10小时以上。哪里有压迫，哪里就有反抗，上述三种压迫激起了中国工人阶级的强烈反抗。同世界上的工人阶级运动一样，中国工人阶级运动也经历了一个从自发到自为的成长过程。

再次，中国工人阶级的斗争精神强，是中国共产党领导下最有觉悟的阶级。毛泽东指出，中国无产阶级“在革命斗争中，比任何别的阶级来得坚决和彻底。在殖民地半殖民地的中国，没有欧洲那样的社会改良主义的经济基础，所以除极少数的工贼之外，整个阶级都是最革命的”②。中国早期工人阶级反抗剥削、压迫的斗争形式主要是自发的经济斗争。由于工人大多为文盲，加之受传统观念、小农意识影响较深，他们斗争只是为了增加工资、改善劳动条件和生活条件，还没有明确的阶级意识。由于没有先进的科学理论指导，也根本提不出本阶级的独立要求和政治纲领。作为中国新的生产力的代表，作为中国革命性最坚决的阶级，工人阶级急切地需要先进革命理论的指导，需要先进无产阶级政党的领导。

最后，中国共产党的诞生，使中国工人阶级真正登上了历史舞台。1921年中国共产党的成立，成为中华民族发展史上开天辟地的大事变。1921年8月，中国共产党成立伊始，就成立了中国劳动组合书记部。作为组织领导工人运动的领导机关，书记部投入了巨大力量，出版《劳动周刊》，举办工

---

①② 毛泽东．毛泽东选集：第2卷．2版．北京：人民出版社，1991：644．

人学校，组织产业工会，开展罢工斗争。在中国共产党的领导下，中国的工人运动开始由自发斗争转向自为的革命斗争，气象亦焕然一新。这就是毛泽东所说的："中国无产阶级开始走上革命的舞台，就在本阶级的革命政党——中国共产党领导之下，成为中国社会里比较最有觉悟的阶级。"①

长辛店机厂（中车早期实体）是中国共产党领导中国无产阶级进行顽强斗争的一个具有示范意义的重镇，被誉为"北方的红星"。长辛店机厂在中国革命中之所以有这样特殊的地位，主要取决于它在工业上的先进性和地理上的便利性，使它能够成为中国共产党领导北方工人斗争的重镇，成为早期共产党人在工人运动领域进行实践的大学校。早在中国共产党成立之初，为了更好地领导中国工人阶级进行斗争，党就对中国工人阶级的状况进行了科学分析。在当时约 300 万的产业工人中，相当一部分集中在铁路、矿山、海运、纺织、造船等产业部门中，而铁路工人在中国工人阶级中具有突出意义，很早就进入早期共产党人领导的革命事业之中。在 1919 年交通部的统计数据中，长辛店机厂工人数量仅为 745 人，而实际人数在 3 000 人以上。

长辛店机厂创设于 1897 年，其工人运动早在中国共产党成立之前就已经开始了。只是在中国共产党的组织和领导下，这里的工人运动才进入了新的阶段。在长辛店机厂等近代企业的工人群体中，共产主义思想经历了一个艰苦传播的过程，并与各种流行思潮展开了激烈的交锋。对这样的"老"企业、"旧"企业，如何使其成为中国共产党领导下的"红色企业"，植入红色基因，是当时中国共产党人在这里开展革命活动亟待解决的重大任务。早在五四运动之前，邓中夏等人就在李大钊的指导下组织了"平民教育讲演团"，到长辛店等地举行演讲，受到了工人群众的欢迎。邓中夏等人还编辑《劳动音》周刊，试图把马克思主义理论与工人运动实践结合起来。该刊物在长辛店等地工人群众中深受欢迎。1921 年底，以邓中夏、张

① 毛泽东．毛泽东选集：第 2 卷．2 版．北京：人民出版社，1991：644．

太雷等为代表的北京共产党早期组织在长辛店举办劳动补习学校，积极传播革命真理。李大钊还专门去长辛店劳动补习学校视察和讲课。流传至今的歌词反映了补习学校的影响力：“如今世界太不平，重重压迫我劳工，一生一世做牛马，思想起来好苦情。北方吹来十月的风，惊醒了我们苦弟兄。无产阶级快起来，拿起铁锤去进攻。红旗一举千里明，铁锤一举山河动，只要我们团结紧啊！冲破乌云满天红。”①

正是在中国共产党的领导下，长辛店机厂工人运动蓬勃开展起来。1921 年，工人积极分子整顿工会组织，召开联席会议，决定根据工人会员的意见把“长辛店铁路工人会”改名为“京汉铁路长辛店工人俱乐部”，制定《长辛店工人俱乐部简章》；工人积极分子健全工人俱乐部内部机构，选举史文彬、康景星等为俱乐部委员，成立工人纠察队，改换俱乐部办公地点。通过这一系列举措，长辛店机厂工人有了真正属于自己的工会。长辛店工人俱乐部成为一个组织严密、战斗力很强的工人组织，它的成立标志着中国共产党领导下的长辛店机厂工人运动以及整个京汉铁路工人运动进入了新的发展阶段。1922 年 6 月，长辛店工人俱乐部提出开除总管、工头，承认俱乐部有推荐权和增加工资等要求。8 月，在邓中夏等共产党人领导下，举行大罢工。郑州铁路工人以罢工声援，导致京汉铁路南北交通阻断。京绥、京奉、正太等线铁路工人纷纷声援长辛店铁路工人罢工。1923 年 2 月，在中国共产党的领导下，包括长辛店机厂工人在内的京汉铁路工人为争取成立总工会和其他权益，开展了震惊中外的“二七大罢工”，使京汉铁路全线瘫痪，推动中国工人运动进入高潮。

铁路工人阶级基础好、组织规模大、战斗性强的特点，使铁路系统成为中国共产党最早开始进行工人阶级革命活动的领域。毛泽东、邓中夏、王尽美、邓恩铭、史文彬、王荷波等一大批中国共产党人都曾深入铁路系

① 刘明逵，唐玉良．中国工人运动史：第 1 卷．广州：广东人民出版社，1998：229．

统的各个工厂，进行调查研究和发动组织工人的工作，书写了中国共产党早期革命活动的精彩篇章。人们熟知的《毛主席去安源》油画就是摹写了毛泽东那一代伟大的中国共产党人奋斗岁月的历史瞬间。共产党人的人格力量和马克思主义的真理力量，启发了工人阶级，也使得类似长辛店机厂的厂矿工人运动渐渐被注入红色基因，逐步成为一大批“北方的红星”。

严鹏同志所著的《红色中车》，生动鲜活地反映了这段光辉的历史。作为一个个案研究，《红色中车》把早期中国共产党人领导铁路工人运动的情况，栩栩如生地展现在广大读者面前，让生活在实现中华民族伟大复兴奋进年代的我们，深刻地感受到了中车虽然跨越百年，但红色基因传承始终如一、始终如初的历史传奇。相信广大读者在阅读《红色中车》这部著作时，一定会强烈地感受到强大的力量，那就是中国工人阶级敢于斗争、勇于胜利的奋斗力量；一定会强烈地感受到厚重的传承，那就是中国工人阶级前赴后继、不怕牺牲的革命传承；一定会强烈地感受到高尚的精神，那就是大公无私、甘于奉献的时代精神。

当前，全国人民在以习近平同志为核心的党中央的领导下，奋进在从站起来、富起来到强起来的伟大征程之中，中国人民迎来了实现中华民族伟大复兴的光明前景。衷心希望以中车为代表的我国国有企业集群，积极传承红色基因，大力弘扬红色文化，为把越来越多的我国国有企业和企业集群建设成为世界一流企业和企业集群而奋斗，共同为中华民族伟大复兴的中国梦做出更大的贡献！

中国人民大学 贺耀敏

2021 年 6 月

引子

红色中车

2021 年 1 月 19 日，习近平总书记乘坐京张高铁抵达太子城站、走进车站运动员服务大厅，听取介绍后指出，“我国自主创新的一个成功范例就是高铁，从无到有，从引进、消化、吸收再创新到自主创新，现在已经领跑世界。要总结经验，继续努力，争取在‘十四五’期间有更大发展”。

回望历史，1909 年建成通车的京张铁路是中国人自行建设完成的第一条铁路。那时的世界，早已被工业革命所改变，铁路成为一个国家工业实力的象征。当西方发达国家迎来铁路的黄金时代时，中国人还只是迈出了建成京张铁路的一小步。然而，到了 2020 年，中国已经建成世界上最现代化的铁路网和最发达的高铁网，高铁成为中国工业名副其实的一张亮丽名片。从京张铁路到京张高铁，中国走出了一条曲折而豪迈的工业复兴之路。

中国的铁路网不是一天建成的，中国的高铁也不是从天而降的。制造，这一人类作为万物灵长所独具的能力，需要漫长的积累与传承，才能化平凡为神奇，推动历史之轮滚滚前进。今天的中国人掌握了自主制造高铁的技艺，而其源头，要追溯至 1881 年唐山一个简易厂房里用废旧材料造出的蒸汽机车。自那时起，中国的铁路工业及其承载的民族梦想，就和一家名为中国中车的企业联为一体，密不可分。

从 1881 年到 2021 年，中国中车走过了不平凡的 140 年。这 140 年绝非坦途，而是几经风雨，百转千回。在相当长的时间里，中车只是近代中国有限的铁路线上不多的几个修造厂，与同时期代表着现代大工业的外国同行无法相提并论。彼时的中国，山河破碎，铁路成为列强军事力量与经济力量在华渗透的管道，铁路工人生活艰辛，饱受压迫。但工人阶级是具有战斗力的，这种战斗力，在 1921 年被中国共产党点燃，成为革命的火种，为中车染上了一层鲜红的底色。从那时起的 100 年里，中车被注入了红色基因，这种基因，是一种在企业组织中浸染的文化，是一种在代代员工中传承的精神，是一种推动中车与国家民族共命运的力量！红色中车，在中国的复兴之路上，不断创造着大国速度；红色基因，在中车的成长之路上，涌动着不竭的澎湃动力。

历史是最好的教科书，要总结中国中车领跑世界的经验，就要解码中车红色基因。

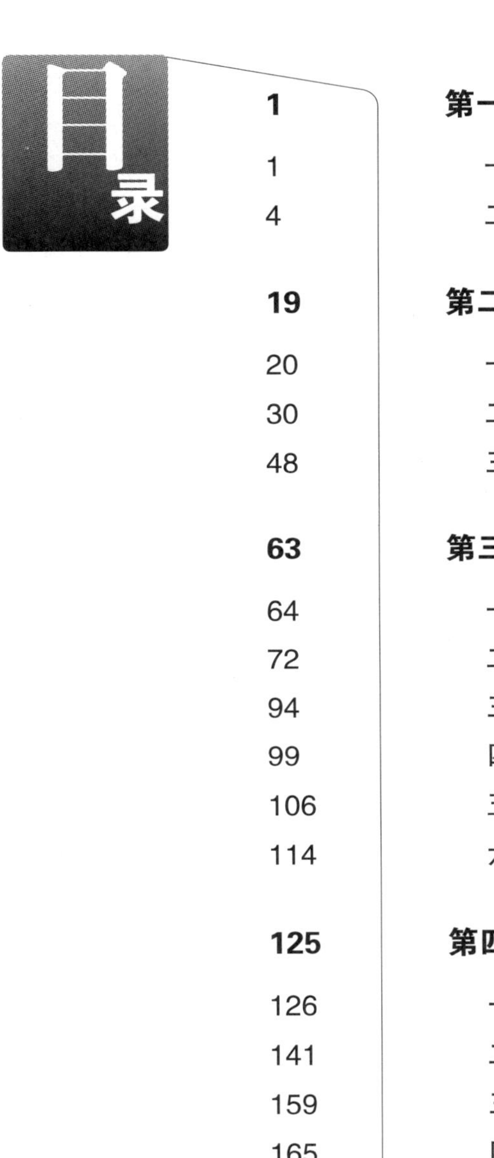

目录

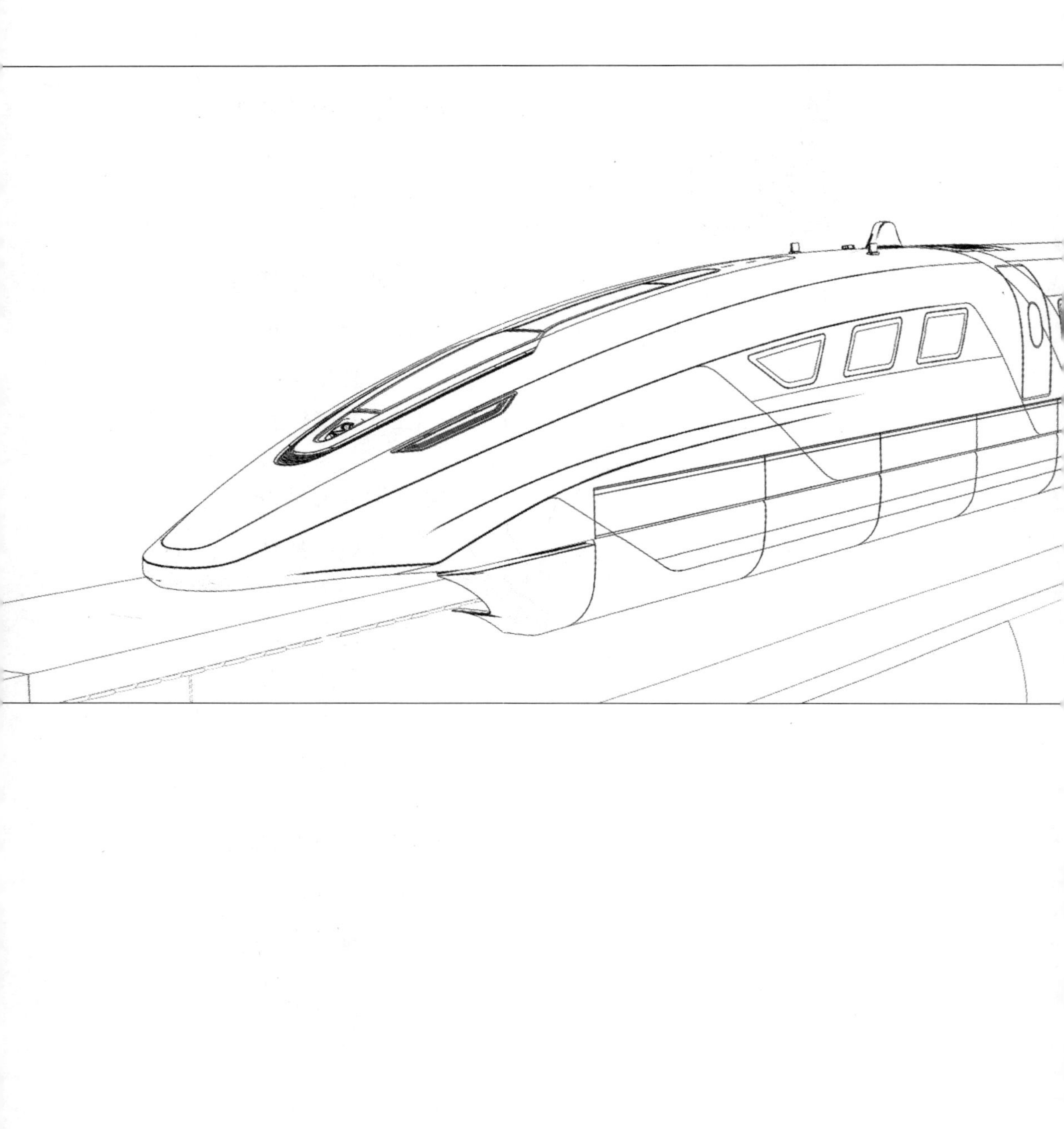

第一章 中国之车

不是每一家企业都像中国中车一样承担历史使命的。中国中车是特殊的，它所属的铁路工业有着高度的战略性，既是国家大动脉的基础，又承载了中华民族拥抱工业文明的富强之梦。尽管从创建之初，中车就分分合合，但它作为中国轨道交通装备制造业的开拓者，始终如一地追求着产业创新，担负时代赋予的历史使命。中车的红色基因，植根于历史深处，与国家民族休戚与共。

一 富强之梦

富强，是中华民族的美好愿望和百年期盼。中车诞生于近代中国，身处三千年未有之大变局中，代表着中国人自强不息的奋斗精神。

18 世纪中叶爆发于英国的工业革命是人类历史少数最重要的分水岭之一。工业革命改变了人类制造工具和改变世界的能力，一系列新机器的发明创造，重构了人们的生活方式，重新定义了文明。铁路和火车，就是改变世界的最重要的发明之一，是 19 世纪新生的工业文明的象征。

建设轨道交通的构想由来已久。最早用于运输的木制轨道可以追溯至1350年，其原型尚存于德国弗莱堡的一座教堂里。自那以后的几个世纪中，在德国和英国境内修建了一大批马车道或用类似轨道铺成的小路，用以运送矿区里的货车。最初，这种轨道使用人力运输，后来则引入了马匹[①]。英国作为产煤大国，其矿区的煤矿运输体系尤为发达。工业革命在两个方面改变了这套运输体系。首先，随着冶金技术的发展，钢铁能够被大量生产出来，铁轨遂取代木轨，成为新的轨道的基础。其次，更为重要的是，机械技术的进步使蒸汽机车被发明出来，取代了马匹，成为新的动力之源。有了这两大变革，铁路便诞生了。铁路的出现，方便了煤炭运输，而煤炭的大量产出，又为钢铁冶炼和蒸汽机车提供了燃料保障，也使得铁路可以大规模地被铺设。于是，英国的工业革命，在煤矿、蒸汽机、钢铁和铁路之间，形成了一个环环相扣、互相促进的动态体系，共同推开了现代工业文明的大门。

最早将蒸汽机技术应用于铁路牵引动力的人是英国人特里维西克（Richard Trevithick），不过，在经历了一些挫折后，他放弃了机车的研发。被后世尊为“铁路之父”的人是另一个英国人，他就是自学成才的工程师乔治·斯蒂芬森（George Stephenson）。在斯蒂芬森的时代，轨道交通体系、改良后的蒸汽机、煤与钢铁的量产，种种要素皆已具备，斯蒂芬森创造性地将它们组合在一起，发明了用蒸汽机带动货车在轨道上奔跑起来的新体系。1814年，斯蒂芬森为他工作的煤矿制造了第一台蒸汽机车。1820年，他为黑顿煤矿修建了一条总长13公里的矿区铁路，在这条线路上，货车下坡时利用自然重力下行，平路或上坡段则全部由蒸汽机车牵引，完全摆脱了畜力。1823年，斯蒂芬森与其子罗伯特在纽卡斯尔开设了机车工厂，为一条连接矿区与港口的铁路制造机车。这便是斯托克顿—达灵顿铁路。1825年6月27日，斯蒂芬森父子制造的“动力一号”机车，拉着34节车厢，载着600多名乘客和物资，在通车仪式上呼啸而

① 沃尔玛尔．钢铁之路：技术、资本、战略的200年铁路史．陈帅，译．北京：中信出版集团股份有限公司，2017：14–16．

过。斯蒂芬森为这条铁路制定的 1 435 毫米（4 英尺 8.5 英寸）轨距，成为日后世界绝大部分地区所采用的标准轨距。1830 年 9 月 15 日，在铁路史上具有划时代意义的利物浦—曼彻斯特铁路正式开通。这条铁路采取了双轨模式，以满足双向的客货运输需求。在 1980 年的 150 周年庆典上，英国人骄傲地宣称："整个世界就是利物浦—曼彻斯特铁路的分支线。"[①]这句话虽然夹有英国人特有的民族自豪感，但也反映了工业革命的故乡将铁路输出至世界每一个角落的事实。铁路，通过高效地运输物资与人力，成为现代经济为自己开辟原料产地与市场的工具，也成为世界各国军事机器的重要构成部分。

当斯蒂芬森在英国掀起这场工业与运输的革命时，清王朝统治下的中国仍然沉浸于"天朝上国"的自满中，意识不到变局将临。在漫长的岁月里，尽管王朝不断更迭，但中华民族 5 000 多年文明历史连绵不断，中国一直屹立于世界的东方。凭借能工巧匠们的高超技艺与各族人民的辛勤劳作，中国也一直是世界最大的制造品输出中心，向包括英国在内的全世界出口着瓷器、丝绸和茶叶等产品，换回大量的金银。这种贸易结构令逐渐在全球建立起了殖民帝国体系的欧洲人不满。然而，在工业革命之前，欧洲人既没有高附加值的产品来与中国的制造品竞争，又缺乏军事力量来强制中国改变有限通商的贸易政策。工业革命改变了这一切。就在利物浦—曼彻斯特铁路通车 10 年后，基本完成了工业革命的英国，终于向清王朝挑起了鸦片战争，用坚船利炮敲开了中国的国门，并以不平等条约将中国拖入资本主义世界体系。从此，中国被迫开启了半殖民地化的进程，以不对等的方式向西方列强开放，在接触新的工业文明的同时，国家主权不断被侵蚀，沦为资本主义列强的政治与经济势力范围。

但是，中国文明有着自身的韧劲与生命力。"天行健，君子以自强不息。"面对西方列强的优势力量，被坚船利炮打醒的中国人开始学习，开始探索自强之道。富强，开始成为近代中国先进知识分子孜孜以求的目标。造轮船、制枪

① 沃尔玛尔．钢铁之路：技术、资本、战略的 200 年铁路史．陈帅，译．北京：中信出版集团股份有限公司，2017：22–27，29．

炮、造机器、挖煤矿、炼钢铁、修铁路、架电线，这些是中国人看到的西方富强之道，也是中国人最早开始学习的内容。三千年未有之大变局，是工业革命代表的现代工业文明，向一个古老农业文明发起的挑战。要应对挑战，只有拥抱工业文化，进行工业革命，才能建立工业文明。这就是近代中国先进分子所追求的富强的内涵。铁路，作为现代大工业的代表产业，作为工业文明速度与力量的象征，在中国人的富强之梦中，占有不可或缺的重要地位。铁路，以及在铁路上飞驰的火车，承载了中国人的富强梦。自己修建铁路，自己制造火车，是这一梦想具体实现的形式。能够制造中国自己的火车，也就成为一种必须有人去承担的历史使命。

然而，梦想实现不易。日渐孱弱的清王朝政权，难以承担修建铁路和建立铁路工业这一复杂而宏大的现代工程。有人统计，1914 年时，世界已有 75 万英里铁路，而在清王朝覆亡前的 1911 年，中国铁路总里程仅有区区 6 000 英里[①]。日后承担着中国轨道交通装备制造重任的中国中车，此时也只是几家条件简陋的小型铁路附属修理厂而已。而这时距离中国人开始接触工业文明的鸦片战争，已经过去超过半个世纪了。辛亥革命推翻了清王朝，革命先行者孙中山以铁路作为建国方略的核心之一，但他的梦想在民国四分五裂的政治局面下无法得以实现。中国的富强之梦，到了 1921 年中国共产党成立后，才被注入新的活力，拥有了完全不同的新局面。中国中车，作为中国富强梦的载体，也是在接受了中国共产党的领导后，才真正实现了自己所承担的历史使命。从这个意义上说，中国中车的工业基因，是依靠了红色基因，才真正得以激活。

 分合如一

中车在某种意义上就是中国铁路机车车辆工业的代名词，是中国轨道交通装备制造业的主体。表面上看，中国中车是一家 2015 年整合成立的大型央企，是一

① 沃尔玛尔．铁路改变世界．刘媺，译．上海：上海人民出版社，2020：157．

家实力雄厚的超级国有企业。但从历史角度看，中国中车承载着中国人自己发展轨道交通装备的任务，其本质就是一种历史使命，是复兴之路上的一个子课题。唯有从这种本质出发去理解中车，才能够看到，在历史的分分合合背后，中国中车始终是中国轨道交通装备制造的领军企业，也唯有从历史使命的本质出发去审视中车，才能够看到穿越时空的红色基因在中车前进道路上起到的作用。

在不同的历史时期，中国中车有着不同的存在形式，其历史使命也因历史阶段的不同而体现为不同的内容。

与其他世界轨道交通装备制造企业一样，中国中车起源于轨道交通这种特殊的交通运输方式，在很长时间里，这些企业就是铁路的附属物，是铁路工业体系的一部分。自斯蒂芬森时代起，有了铁路，就需要有铁路上运行的机车车辆，就有必要在铁路线上建立机车车辆的制造厂与修理厂。当铁路工业被引进中国后，也是如此。于是，中车就诞生于中国铁路的修筑过程中，事实上也是中国铁路企业发展的一部分。由于铁路对于国家具有众所周知的高度战略性，作为铁路一部分的中车，便天然地与国家命运联系在了一起。

中国铁路的早期历史与中国近代史一样，是一部坎坷曲折的历史。晚清中国对于工业文化的接受，是极为缓慢的，每一步前进，也都遇到极大的阻力。中国与工业文明的相遇，始于鸦片战争的战败。然而，直到鸦片战争过了 20 余年，中国人才开始自觉仿造轮船与枪炮；直到鸦片战争过了 30 余年，中国人才开始创办现代民用企业招商局；直到鸦片战争过了 40 余年，中国人才开始修铁路和造机车。而在 1949 年前的漫长历史里，中国的铁路在政治上、军事上、经济上、技术上乃至文化上，都受到外国的严重渗透与掌控。没有独立的国家主权，就不可能有独立的工业发展，这是中国工业史的经验总结。1949 年前，中国的铁路发展脱离不了积贫积弱的国力约束，附属于铁路的中车，也就难以真正壮大，具备独立的制造能力。在这一时期，中车以零星分布于若干铁路线上的修造厂为存在形式，随着铁路线的延伸而在工厂数量上有所增加，随着时间积累而在修造能力上有所提升，进而孕育了在近代中国规模可观的产

1881 年，胥各庄修车厂建立，其制造的机车和货车运行在唐胥铁路线上执行唐煤外运任务

胥各庄修车厂制造的木制敞车

业工人群体。比起重重受限的工业发展，在这一阶段，中车的工人阶级接受中国共产党的领导，以反压迫的革命斗争为其当时的主要历史使命。

与轮船航运这一现代交通方式一样，最早在中国修建铁路的也是外国人。但比起轮船，铁路遇到的社会文化阻力要大得多，铁路所涉及的主权等权益也更为复杂。因此，清王朝在自己创办轮船招商局之前，曾默许外资企业在中国经营轮船航线，但对于外国人修筑的铁路，则采取了坚决毁弃的态度。19 世纪 70 年代末，由于招商局的发展需要煤炭供应，以工业化手段开矿的开平矿务局得以建立。而就像英国最早的铁路起源于煤矿一样，开平矿务局以运煤的名义呈请清廷批准修筑铁路，开启了中国的铁路时代。然而，清廷批准这条铁路的前提，是禁止行驶机车，必须由骡马拉运。于是，中国的铁路在建立之初似乎要复制百年前欧洲用马拉货车的景观。不过，工业文化的征服性，早在 1848 年的《共产党宣言》中，就被革命导师马克思、恩格斯所揭示。因此，当开平

哈尔滨临时总工厂

东省铁路机车制造所，1945 年 9 月改称大连铁路工厂

矿务局的这条唐山至胥各庄铁路修成后，虽遭守旧大臣反对，但最终仍被清廷允许使用蒸汽机车。1881 年，当唐胥铁路开工修建时，就在铁路一端设立了胥各庄修车厂，这个仅有几十名工人和几台手摇车床的小厂就是中国中车的起点。这个小厂在建立的当年，就根据英籍工程师的图纸，利用煤矿的设备与材料，造出了一台蒸汽机车。与此同时，该厂还用从英国购买的车轮、钢材，制造了 13 辆载重 5 吨和 10 吨的木制敞车，用来运煤。1883 年，唐山修车厂又利用从英国进口的部件和材料组装制造了一辆木制客车。中国的铁路机车车辆工业，便如此诞生了。

随着中国铁路时代的到来，中国的铁路机车车辆修造厂也逐渐增多。这些工厂并无统一规划，只是为了配合修车需要，而在铁路线两端建立。虽然部分铁路由外资控制，有一些工厂也并非中国人所建立和管理，但是，中车的骨架，也就在这一过程中逐渐成型。1898 年，东省铁路公司修筑东省铁路

满铁技术研究所

胶济铁路四方机厂

卢保铁路卢沟桥机厂（长辛店机厂）

江岸机厂

时，在铁路北端建立哈尔滨临时总工厂，承担机车车辆维修业务。1899 年，该公司又在东省铁路南满洲支线南端兴建东省铁路机车制造所，于 1901 年建成，1945 年 9 月改称大连铁路工厂。日俄战争后，日本人夺取了俄国在中国东北的铁路权益，大连铁路工厂移址重建，于 1911 年建成，改称沙河口铁道工场。1922 年，日本又在沙河口成立了满铁技术研究所，后改称理学试验所、铁道研究所大连分所、铁道技术研究所。大连成为近代中国铁路机车

正太铁路石家庄总机厂

吴淞机厂，后为戚墅堰机厂

南口机厂

津浦铁路浦镇机厂

车辆工业的重镇。1900 年，山东铁路公司兴建胶济铁路时，在青岛组建了胶济铁路四方机厂。1901 年，比利时人和法国人联合经营京汉铁路，在铁路北端建立了长辛店机厂，在铁路南端建立了江岸机厂。同年，被日本占据的台湾成立了高雄机厂。1905 年，法国人在修建正太铁路时，兴建了正太铁路石家庄总机厂。1898 年，淞沪铁路修建了一个配套的修配所，是为吴淞机厂的前身。1905 年，英国人在修建沪宁铁路时，正式在上海建立了吴淞

新中国成立后的天津机厂

济南机厂

机厂，1936 年，吴淞机厂迁往常州戚墅堰，改称戚墅堰机厂。1906 年，清政府修建京张铁路，在铁路南端建立了京张制造厂，后改称南口机厂。同年，京汉铁路全线通车，在铁路中部兴建了郑州机厂。1908 年，英国人和德国人修建津浦铁路时，英国人在路南端的浦口建立了津浦铁路浦镇机厂，该厂于 1913 年被毁，同年重建。1909 年，德国人在津浦路同时兴建了天津机厂和济南机厂。1910 年，陇海铁路始建，在徐州附近设立了铜山机厂。同年，清政府展修张绥铁路时，在路南端兴建了张家口机厂。直到今天，这些机厂中的绝大部分还是中车重要的主体。

辛亥革命后，在军阀混战的北洋时期，长春、武汉、沈阳等地仍有一批机厂建立。但在 20 世纪 20 年代，中国铁路工业置身于革命的中心，在中国共产党领导下的工人斗争，成为此时的时代主题。中车的红色基因，也就是在这一时期才真正形成。而从工人斗争的联动性来看，关内各个分散的铁路机车车辆工厂，被红色革命联结为了一个工人阶级同气连枝的整体。

而这一时期通过镇压革命而上台的南京国民政府，出于战略目的而将铁路修筑列为其实业建设的重点之一，山西等地的地方军阀也出于增强实力的目的而重视铁路。随着中国共产党的革命重心转向农村，铁路工人的斗争亦相应地转向低潮。1934 年，衡阳工厂、太原工厂和九龙岗机厂的筹建与建设为中车进一步充实了体系。而在国民政府无法控制的关外，1935 年，齐齐哈尔铁道工场在齐齐哈尔机务段的基础上开工改建，主要进行机车、客车和货车检修。1937 年

山西机器局，为太原工厂前身

齐齐哈尔铁道工场

长安机厂，后为西安厂

粤汉铁路株洲总机厂

2 月，国民政府铁道部制定了铁路五年建设计划，内容包括新建西安、株洲、贵溪和戚墅堰 4 个机厂，其中戚墅堰为客货车制造中心，株洲为机车制造中心。不料当年 7 月，日本挑起全面侵华战争，国民政府无法实现其计划。然而，株洲等地机厂的筹建，为新中国成立后的中国铁路机车车辆工业打下了一定物质基础。

新中国的成立，为中车翻开了新的历史篇章，中国的铁路机车车辆工业在管理体制上真正成为一个整体。中车自此可以说在形式上逐渐成为一个统一的实体了。但更为重要的是，随着工人阶级成为国家的主人，随着企业管理民主化的展开，红色基因在中车开始真正与工业文化融合，中车也开始承担起其作为工业企业原本的历史使命。新中国的铁路机车车辆工业由修到造，由仿制到自主设计，真正形成了一个独立的工业部门。除了以铁路装备推动中国的铁路建设由蒸汽机到内燃机、由内燃机到电气化不断升级外，铁路机车车辆工业还以各种方式支援国家建设。这一切，离开了完整的国家主权，离开了铁路机车车辆工业职工的精神与信念，都无从谈起。红色基因与工业文化的融合，成为

大同机车厂

长春客车厂

长春机车厂

兰州机车厂

中国铁路机车车辆工业向前发展的强大动力。

为了改善铁路工业的布局，新中国成立后，党对中车各工厂进行了整顿，如徐州厂迁并江岸厂，玉山厂迁并萧山厂，萧山厂又迁并武昌厂，武东厂、苏桥厂迁并株洲厂，皇姑屯车辆厂迁并齐齐哈尔厂，九龙岗厂迁往重庆后又迁至成都，宜良、广州、曲靖等厂则被撤销。1952 年 12 月，铁道部将原属各铁路管理局领导的 20 个工厂改为铁道部直属，其中 6 家隶属新成立的机车车辆制

大连铁道研究所

株洲电力机车研究所

四方车辆研究所

戚墅堰铸工工艺研究所

造局，14 家隶属于机车车辆修理局。这是中国机车车辆工业管理体制的重大转变，它标志着包括修理、制造和大型配件生产在内的铁路机车车辆工业企业全部与铁路运营部门分离，成为独立的行业。可以说，作为承载中国铁路机车车辆工业的中车，至此才作为一个独立的装备制造业实体初具雏形，而这正是与国家命运相同步的变革，是中国共产党领导中国工业化进程的体现。

在这一时期，中车与国家命运的结合，还体现为国家建设了新的铁路机车车辆工厂。1954 年 6 月 28 日，第一机械工业部（简称一机部）[①] 机车车辆工业管理局决定在山西省大同市选择新机车制造厂厂址，后定名为大同机车厂，1957 年 8 月 15 日开工兴建。1954 年 7 月 24 日，一机部决定在吉林省长春市选址建设大型铁路客车制造工厂，后定名为长春客车厂，1957 年 7 月 15 日开工兴建。1954 年，铁道部决定成立长春新厂筹建处，1955 年 2 月 19 日批准了

---

① 1953 年 8 月，负责机车车辆制造的工厂划归第一机械工业部管理。

新厂筹建计划，确定建厂设计生产能力为年修蒸汽机车 300 台，同年 10 月 28 日动工，后定名为长春机车厂。1954 年 8 月 17 日，铁道部成立兰州机车修理工厂筹备组，1958 年 6 月 1 日正式开工建议，后定名为兰州机车厂。除了新建工厂外，由近代中国继承而来的各个老厂，也得到了根本性的改建。在学习苏联建立的计划经济体制下，生产和研发被分开，因此，国家在各行各业组建了一批独立于工厂的研究所。过去，中国的铁路机车车辆工业只有大连一家研究所。1956 年 5 月 1 日，一机部决定在北京建立一机部机车车辆研究所。1958 年 1 月 1 日，该所从北京迁至大连办公，同年 5 月与大连机车定置试验室、铁道部科学研究院机务组、车辆组合并成立大连机车车辆科学研究所。1959 年 5 月 6 日，铁道部下发《关于设立机车车辆专业研究所的决定》，决定成立大连铁道研究所、株洲电力机车研究所和四方车辆研究所。同年 9 月 16 日，铁道部印发通知，决定成立戚墅堰铸工工艺研究所。至此，中国铁路机车车辆工业建立了具有计划经济特点的研发体系，而这些研究所构成了中车在技术上的骨干力量。到了 20 世纪 60 年代中期后，出于备战考虑，中国开始了长达数十年的三线建设，将东部地区的大批工业企业迁入西部的荒山野岭等偏僻内地。这一建设，同样被深深打上了红色烙印，其背后是一大批工业企业职工的举家迁移，靠的是崇高信仰下的无私奉献。在三线建设中，铁路机车车辆工业也兴建了一批新厂，如 1966 年成立的资阳内燃机车工厂、1971 年成立的贵阳车辆工厂、1972 年成立的眉山车辆工厂、1973 年成立的永济电机工厂和铜陵车辆厂。在今天看来，三线建设的工厂选址存在着过于强调备战的非经济考量，但三线建设确实改善了中国的工业布局，也为西部内陆不少地区带去了工业文化与城市文明。中车人在三线建设中“献完了青春献子孙”的奉献精神，就是传承着的红色基因，可歌可泣。

改革开放的历史大转折，重新塑造了中国工业体系，中国中车亦没有置身于改革大潮之外，中国中车一直在成长。一些新的难关，如高铁制造、核心部件研发，被中车一一攻克；一些新的产品，如机器人、新能源汽车，被中车

资阳内燃机车工厂

贵阳车辆工厂

眉山车辆工厂

永济电机工厂

铜陵车辆厂

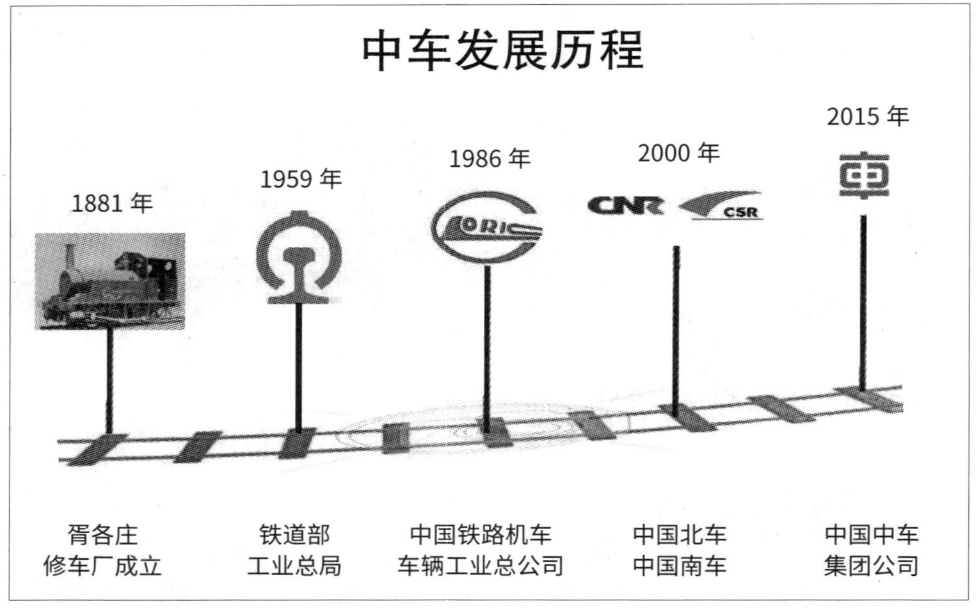

一一制造；一些新的产业，如风电、环保设备，被中车一一踏足；一些新的责任，如扶贫、工业遗产，被中车一一担起；一些新的企业，也在老企业体内孵化，并破壳而出，独立成林。中国中车，经历了改革开放的栉风沐雨，已经成长为不断进化的国际性大企业。

然而，不管体制如何变化，中国中车整体的历史使命却没有更改，红色基因作为中车企业文化的一部分，仍提供着强劲的动力。在革命年代，中车工人在中国共产党的领导下，承担了工人阶级破坏旧世界的历史使命，英勇无畏地战斗，抛头颅，洒热血，铸就了中车的红色基因。红色基因就是信仰的力量。习近平总书记在论述中国共产党的红色基因时指出："人无精神则不立，国无精神则不强。精神是一个民族赖以长久生存的灵魂，唯有精神上达到一定的高度，这个民族才能在历史的洪流中屹立不倒、奋勇向前。"[①]红色基因是鼓舞人心的精神力量，对企业来说，尤其对中国的国有企业来说，更是如此。不同于

① 习近平．论中国共产党历史．北京：中央文献出版社，2021：146．

一般企业，中车早在中国共产党诞生时，就被注入了红色基因，此后，它与党，与国家，与民族，风雨同行，共同战斗，直到那一抹红色燃遍神州，建立了工人阶级当家作主的新中国。中车先辈们的精神，作为红色基因，在代代中车人中传承，鼓舞着中车人去创造工业文明的新世界。不同于一般的企业，改革开放后，中车在市场经济大潮中，仍然承担着国家使命。无论是引进先进轨道交通装备技术再实现国产化和自主创新，还是为“一带一路”建设提供物质装备，中车都走在了时代前列。在新时代，中车传承的红色基因表现为其肩负历史使命不断改革与创新，勇于攀登高峰，为实现中华民族伟大复兴的中国梦继续做出更大贡献。

分分合合，变的总是形式，不变的，是企业的精神与文化，是红色基因。“无论我们走得多远，都不能忘记来时的路。”[①]解码中车红色基因，就是去讲述另一个关于中国高铁的故事，去追溯中国工业名片的红色起源。

① 习近平．论中国共产党历史．北京：中央文献出版社，2021：12．

第二章 红色萌芽

中国中车是中国工业文化的产物，又是促进中国红色文化传播的先锋。工业文化是工业革命的深层动力，又是工业革命的外在表现。工业革命在创造了承载现代工业文化的大工业体系的同时，也创造了产业工人这一现代无产阶级，随着无产阶级的壮大与觉醒，社会主义文化也发展起来了。从这个角度说，工业文化与红色文化密不可分。起初，工业文化是新兴资产阶级的意识形态，当无产阶级登上历史舞台后，创造了自己的红色的工业文化。近代中国饱受外国资本主义欺凌，其工业发展具有特殊性，中国的无产阶级首先是伴随着外国资本主义在中国直接经营的企业而来的，中国无产阶级的一部分较之中国资产阶级的资格更老一些，它的社会基础也更广泛一些[①]。中国中车的早期历史就极为典型地体现了中国无产阶级成长的特殊性。唯其如此，中国中车很早就产生了红色基因的萌芽，在 1921 年之前，这一萌芽破土而出，为中车红色基

① 中共中央党史研究室．中国共产党历史：第 1 卷，1921—1949：上册．北京：中共党史出版社，2011：26．

因的形成准备了必要的条件。

双重使命

中车在诞生之初，是中国铁路工业的附属物。中国的铁路工业在诞生之初，就摆脱不了外国资本主义的影响。资本主义列强既觊觎中国的铁路修筑权等各种权益，又将修铁路视为在中国扩展其殖民主义势力范围的途径。中国要复兴，就需要摆脱列强的桎梏，成为真正独立的现代主权国家。反对外国资本主义及其在华代理人的斗争，是中国革命的重要主题，是近代中国铁路工业与国家命运的连接点，也是中车红色基因的起源。自立自强，在工业文化上，体现为中国人自主修铁路、造火车；在红色文化上，体现为中国人掌握自己国家的命运，建立独立自主的现代国家。独立的国家要有独立的工业，独立的工业只有在独立的国家里才能实现。在国家尚未摆脱外国资本主义桎梏的时代，中车无法成为中国独立自主的轨道交通装备制造企业，中车工人参与的争取国家独立自主的斗争，就顺应当时的历史使命，成为中车红色文化的起点。

铁路是 19 世纪工业革命的象征。大清帝国是被资本主义列强的坚船利炮轰开国门而被迫工业化的，其接受工业文化的过程既漫长又曲折。与枪炮、轮船、机床等工业革命的产物一样，铁路也是由外国资本主义引入中国的。1863 年 7 月 20 日，27 名以英美商人为主的侨居上海的外国人，联合上书当时的江苏巡抚李鸿章，建议修筑上海至苏州总长 85 公里的铁路，他们要求以官价并且免税购买一条宽 33 英尺的土地带，并保留 5 年的铁路经营权。李鸿章对此予以拒绝，甚至不愿意将这一建议递交给北京的朝廷。英国外交部的档案里记录了李鸿章拒绝外商修建铁路的理由："你们到底是为谁的利益修建铁路？如果是为了中国，我可以告诉你们没有必要。中国河网密布，水路运输发达……如果你们是为了欧洲人的便利而修建铁路，那么我不愿意为了你们单方面的利益而背负骂名……即使真要在中国土地上修建铁路，也应该由中国公司，而不是外国公司来完成。”[①]这次交涉很清楚地反映了清朝洋务派官员与西方资本主义商人对于在中国修铁路的态度。然而，外商并不死心。1864 年，一批英国商人组建了所谓的“中国铁路公司”，并推动英国政府与清政府继续交涉铁路修建问题。1876 年，外商绕开清政府，在上海修筑了一条约 9 英里长的吴淞铁路。7 月 3 日，该铁路开始正常运行，但 8 月 3 日，由于火车轧死了一个行人，沿线乡民大为恐慌。清政府遂就势花钱买下这条铁路，并于 1877 年拆除。这条铁路的意义并不能被高估，英国外交部档案保留的一封写于 1877 年 8 月 22 日的信件，反映了英国人对吴淞铁路的实际评价：“吴淞线本身只是一个告诉中国人铁路是什么东西的玩具。整个工程如此不具规模，轨距如此之窄，机车如此之小，以致于无法进行正常的运营。如果中国人愿意使用这种运输工具，他们应该新建一条铁路，将之延伸到可以运输商品的地方，并购买新的和更加实用的机车。”[②]19 世纪 70 年代正是清政府的洋务运动势头较好的时期，洋务派官员并非没有认识到铁路的价值，但他们一面要对抗朝廷中拒绝工业文明的守旧势力，一面则不希望铁路主权被外国人攫取。

1880 年，刘铭传在奏折中就提到了铁路对于清帝国的重要战略性。他认为中国处于“自古敌国外患未有如此之多且强也”的千年大变局中，铁路是巩固国防的利器：“自强之道，练兵造器固宜次第举行，然其机括则在于急造铁路。铁路之利于漕务、赈务、商务、矿务、厘捐、行旅者不可殚述，而于用兵一道尤为急不可缓之图。中国幅员辽阔，北边绵亘万里，毗连俄界，通商各海口又与各国共之。画疆而守则防不胜防，驰逐往来则鞭长莫及。惟铁路一开，则东西南北呼吸相通，视敌所驱相机策应，虽万里之遥，数日可至，虽百万之众，一呼而集，无征调仓皇之虑，转输艰难之虞，且兵合则强，兵

① 马纪樵．中国铁路：金融与外交（1860—1914）．许峻峰，译．北京：中国铁道出版社，2009：4．

② 同①57．

分则弱。”[①]刘铭传身为沙场老将，眼光老辣。同一时期，李鸿章也上奏，指出西方资本主义列强靠修铁路而富强：“查火轮车之制，权兴于英之煤矿，道光初年始作铁轨，以约车轮。其法渐推渐精，用以运销煤铁，获利甚多，遂得扩充工商诸务，雄长欧洲。既而法、美、俄、德诸大国相继经营，凡占夺邻疆，垦开荒地，无不有铁路以导其先；迨户口多而贸易盛，又必增铁路以善其后。”[②]这就指出了欧美列强以铁路作为工业革命和殖民扩张的牵引力，其见识也不可谓不高。不过，当时的清帝国还是一个农业国家，传统农业经济的坚固结构与数千年沉淀的保守观念，产生了一种反对工业的文化，制约着铁路在中国的修建。于是，在铁路已经大兴于西方的时代，中国人自己修铁路，反而重走了铁路在英国诞生之初的老路——在煤矿区修铁路，用骡马在铁轨上拉货车。当然，这只是一种权宜之计。一旦铁路的便利性体现出来后，它就会像马克思、恩格斯在《共产党宣言》里说的那样，代表新的生产方式去征服落后的东方国家。

工业化是一个体系化的运动。洋务派在中国发展工业，最初只是制造坚船利炮，但随着军事工业给清廷带来巨大的财政压力，洋务派又想到了靠发展新式民用产业来获取资金，因此便于1872年创办了轮船招商局。轮船运输需要煤作为燃料，洋务派就创办了开平矿务局。为了提高运煤效率，修铁路便被提上议程。比起在人烟稠密地区修筑的吴淞铁路，在矿区修铁路，遇到的阻力要小得多，更容易获得清廷批准。于是，从唐山至胥各庄的用来运煤的唐胥铁路，便成了中国的第一条官办铁路。1881年，唐胥铁路建成，据今人考据，其起点为铁路与唐山矿一号井井口交会线，终点为铁路与煤河交会处的老煤场中心点的交会线，正线与矿线共长9.319公里[③]。尽管唐胥铁路是由中国人自己修建的铁路，但它的修筑离不开外国工程师的帮助。洋务派创办的工业企业中本

---

① 中国史学会．洋务运动．上海：上海人民出版社，1961：137–138．

② 同①141．

③ 唐山市政协文史资料委员会．中国铁路源头．北京：中国文史出版社，2017：29．

1881 年唐山厂装造的中国第一台蒸汽机车“中国火箭”

来就大量聘用外国工程师与技术人员，开平矿务局也不例外，其关键性的工程师是英国人金达（C. W. Kinder）。唐胥铁路作为服务于开平矿务局的铁路，其修筑工程便由金达负责。起初，为了减少修筑唐胥铁路的阻力，李鸿章对外宣传，这条铁路用驴马而不用机车来拖载。但是，金达不动声色地用蒸汽机车取代了畜力牵引。尤为重要的是，金达组织中国工人自己制造了蒸汽机车。据记载：“由于无法购买机车，他（金达）决定自己建造一台。利用一对从美国运来的机车主动轮，一个蒸汽机锅炉和一些从废铁中回收的旧器材，他耐心地组装了一台可牵引 100 吨货物的机车，将它漆成了黄色并用龙作为装饰。这辆机车被命名为‘中国火箭’（Rocket of China）。”①1881 年 6 月 9 日，“中国火箭”组装完成并第一次通车②。于是，中国的机车与中国的铁路同步诞生。金达带着几十名工人和几台手摇车床造出了“中国火箭”，这批工人和设备构成的修车

① 马纪樵．中国铁路：金融与外交（1860—1914）．许峻峰，译．北京：中国铁道出版社，2009：62．

②《中国中车志》编委会．中国中车志（1881—2015）．北京：中国铁道出版社，2017：1．

1888 年，唐山厂为李鸿章等大臣改造专用巡视车，李鸿章等人乘此车巡视了天津至唐山铁路

厂，也成为中国轨道交通装备制造业的起点。换言之，中国中车也是与中国铁路同步诞生的。中车最初的实体，就是开平矿务局为唐胥铁路而设立的胥各庄修车厂。该修车厂成立后，在不到3年的时间里，制造出了机车、客车和货车。1884 年，该厂迁址，被正式称为开平矿务局唐山修车厂。1886 年，官督商办的开平铁路公司创立，用 10 万两白银收买了唐胥铁路和唐山修车厂，从此，唐胥铁路与唐山修车厂脱离开平矿务局，成为中国第一家独立的铁路企业。1888 年，唐山至天津之间的铁路修通，唐山厂为李鸿章等大臣改造了一辆专用巡视车，即在平板货车的一端加一间休息室，室外为平台，平台边沿装设防护栏杆。李鸿章等人乘此车巡视了天津至唐山铁路即津沽铁路[①]。巡视结束后，李鸿章在奏折中向朝廷夸耀了铁路的好处："臣李鸿章即于九月初五日率同官商，乘坐轮车前往查验，自天津至唐山铁路一律平稳坚实，桥梁车机均属合法，除

① 唐山机车车辆厂厂志编审委员会．唐山机车车辆厂志．北京：中国铁道出版社，1999：1–2．

停车查验工程时刻不计外，计程二百六十里，只走一个半时辰，快利为轮船所不及。以一机车拖带笨重货车三四十辆，往来便捷，运掉轻灵，而且通塞之权，操之自我，断无利器假人之虑。”① 十几年前，李鸿章对于将轮船运输业引入中国费尽心思，而此时此刻，他称赞铁路运输更胜于轮船。铁路工业，就是这样在中国一点一点被打开局面。

但是，中国的铁路建设乃至整个工业化进程，命途多舛，并未如洋务派所愿顺利推进，尤其未能实现李鸿章等人一直孜孜以求的主权“操之自我”。甲午战争败于日本后，清帝国严守了数十年的铁路修筑权逐渐被列强夺去，而列强对中国铁路的控制又与在华划分殖民势力范围有直接关系。1897 年 1 月，法国驻北京公使在一封信中坦露了修建铁路与列强殖民扩张的关系：“这个时刻来到了！今天，工程师和银行家取代海陆将军成为了中国的征服者……刚刚被从海上攻破的中国国门只有通过陆路，通过铁路才能被真正打开。”②1908 年，一名法国工程师在上报给法国外交大臣的报告中，总结了 1895 年以来列强介入中国铁路的不同模式：（1）以“征服方式”强加给中国人的铁路，包括俄国在东北、德国在山东、法国在云南修的铁路，这些是在中国土地上修建而中国人不能参与管理的铁路；（2）以签订借款和经营合同的形式而使列强享有特权的铁路，由列强提供物资并分享利润，包括京汉铁路、粤汉铁路和沪宁铁路等，这些线路上的中国管理人员“只是为了面子上好看”；（3）没有运营合同也没有利润分享关系而被让予特权的铁路，这些铁路使用以中国国民收入作为担保的借款，由中国人自己建设，外国虽有控制，但程度有限，如津浦铁路等③。中东铁路和卢汉铁路是列强控制中国铁路两种主要方式的典型代表。中东铁路是清政府于 1896 年批准修建的铁路，出资人系沙皇俄国财政部派出机构

① 中国史学会．洋务运动．上海：上海人民出版社，1961：199．

② 马纪樵．中国铁路：金融与外交（1860—1914）．许峻峰，译．北京：中国铁道出版社，2009：107．

③ 同 ②176–177．

的华俄道胜银行，其计划为修建从满洲里至绥芬河的铁路，采取俄国的 1 524 毫米轨距，与俄国境内通往海参崴的铁路相接。中俄之间的合同规定，自通车之日起 36 年后，中国政府有权出钱收回该铁路，而合同 80 年期满后，铁路及其财产全归中国。为了修建铁路，华俄道胜银行成立了中东铁路公司，有人犀利地指出了公司的性质："为了安抚中国人的自尊心，俄国为铁路公司取了一个滑稽的名字——中东铁路公司。然而公司中没有一位中国股东的事实说明了它远不是一个中国公司。"[①] 很显然，中东铁路就是沙俄在中国东北扩张势力范围的工具。卢汉铁路的情况有所不同，其背后的比利时与法国不与中国毗邻，经济扩张的色彩更浓。不过，这并不意味着比利时与法国只是单纯投资于中国的铁路产业。比利时国王利奥波德二世将纵贯中国南北的卢汉铁路视为中国的脊柱，宣称如果能够得到这根脊柱，他还要拿到"肋骨"。比利时领事曾这样描述国王的设想："在国王的心目中，这条铁路是比利时在中国发展其他业务的基础，而其中最重要的就是控制湖北及河南，并独占矿权。陛下希望一旦列强瓜分中国时能够得到这两个省。"[②] 列强染指中国铁路的意图可谓昭然若揭。

辛亥革命推翻了清王朝与中国的帝制，但未能建立一个统一而富强的新国家。相反，中华民国成立后，政局一片混乱，先有袁世凯复辟未果，后有各路军阀割据混战。在这种局面下，民国初期的铁路修筑不仅较清朝有所倒退，而且也没有改变外国资本主义插手中国铁路的格局。1926 年，有人感叹道，中国的领土远大于英国、日本和第一次世界大战前的德意志帝国，但"国内已成铁道，乃仅 7 000 英里左右，且除库款筑造各路，合计不过 300 英里，民资筑造各路，先后仅成149英里而外，余非外国所有，即借外资筑成"[③]。对内骄横跋扈的军阀，对于列强所享有的中国铁路的特权，是不敢去触碰的。例如，1922

① 马纪樵．中国铁路：金融与外交（1860—1914）．许峻峰，译．北京：中国铁道出版社，2009：128．

② 同①152．

③ 谢彬．中国铁道史：上．北京：知识产权出版社，2015：3．

1898 年 9 月，英、德资本集团背着中国，在伦敦举行会议，擅自决定承办津镇铁路（天津至镇江）。清政府屈服于帝国主义的压力，于 1899 年 5 月签订了借款草合同；考虑到沪宁铁路即将修通，清政府改津镇铁路为津浦铁路，欲与沪宁铁路接通，于是与英、德两国银行签订借款合同修筑津浦铁路，并公开发行了股票和债券。这是 1908 年，清政府为修建津浦铁路及附属浦镇机场在英国发行的面值 100 英镑的债券

年第一次直奉战争时，直系军阀吴佩孚即致电奉系军阀张作霖，请其在京奉铁路与渤海之间开战，远离铁路，以免引发外国抗议[①]。近代中国铁路受外国资本主义掌控的畸形性由此可见一斑。而铁路的畸形性所反映的，乃是整个近代中国受外国资本主义压迫与剥削的半殖民地社会属性。不敢触碰外资利益的军阀，充当着外国资本主义列强在华代理人的角色。

客观地说，外国资本主义为中国发展铁路机车车辆工业带来了先进的技术、设备、管理经验等，是这一新兴工业在中国诞生与成长的重要触媒。而随着中国铁路线的增多，铁路机车车辆修理的需求日增，在重要的铁路线上遂催生出了一批类似唐山厂那样的修车厂，有些修车厂随着时间推移还发展出了一定的制造能力。这些不断涌现的铁路工厂是日后构成中车的基本实体。也可以说，从 1898 年到 1910 年，与中国的铁路建设潮同步，中车迎来了第一波大

① 张瑞德．中国近代铁路事业管理研究：政治层面的分析（1876—1937）．北京：中华书局，2020：73．

中俄工人共同在哈尔滨厂内工作

规模的实体创设期。到辛亥革命前，除唐山外，哈尔滨、大连、青岛、长辛店、武汉、石家庄、上海、南口、南京、天津、济南等地均建立了重要的铁路工厂，负责铁路机车车辆的维修工作。这些铁路工厂，当时通常被称为铁路机厂。从产业布局角度看，清末中国诞生的这批铁路机厂有两个显著的特点。首先，中国早期重要的铁路机厂集中于北方，最南端的铁路机厂也位于长江一线。这一布局特点完全是由铁路线路布局所致。除去俄国与日本所掌控的中国东北的铁路外，关内的铁路建设，在清朝末年，明显呈现出以首都北京为中心向外辐射的趋向。或者反过来说，清末的铁路网具有向北京集聚的特点。这一特点的形成不难理解。北京是中国的政治中心，无论是统治中国的清政府自己修铁路，还是妄图控制中国的列强插手中国铁路，都会将北京视为优先考虑的铁路端点。更何况，清廷修建铁路有很强的军事战略考虑，为了拱卫京畿，北京遂成了数条铁路集中的重心①。清末铁路修筑大多以北京为中心，使中国的铁路集中于北方，附属于铁路的机厂，自然也就集中于北方了。这一格局到民国

① 张瑞德．中国近代铁路事业管理研究：政治层面的分析（1876—1937）．北京：中华书局，2020：26．

前期也没有得到根本性的改变，由此就导致中国铁路工人与中车工人的斗争运动，主要在长江以北展开。

其次，中国早期重要的铁路机厂，也就是中车的早期实体，大部分均与外国资本主义有直接关系。这自然是因为铁路机厂所依附的铁路线，大部分是由外国资本主义插手修筑的。于是，除唐山、南口两个机厂外，其余较为重要的铁路机厂，几乎均由外国资本主义创设。哈尔滨和大连的机厂具有俄国背景，日俄战争后，大连沙河口的机厂又被日本人夺取。北京长辛店和武汉江岸的两个机厂，在京汉铁路一北一南，受比利时和法国的控制。石家庄的正太铁路石家庄总机厂是由法国人建的。青岛的胶济铁路四方机厂受德国人支配，与之相同的还有津浦铁路的天津西沽机厂与济南大槐树机厂。津浦铁路南端的浦镇机厂则为英国人所建。英国人还在修建沪宁铁路时创建了吴淞机厂。中车早期的诸多实体由外资创立，其必然的逻辑结果就是，中车工人的早期斗争，往往直接指向了外国管理者，在本质上则指向了推翻帝国主义的在华势力。这一特点，在中车红色基因形成的过程中意义深远。

1853 年，无产阶级革命导师马克思在《不列颠在印度统治的未来结果》一文中，曾描述英国殖民者在印度修铁路的动机："工业巨头们发现，使印度变成一个生产国对他们大有好处，而为了达到这个目的，首先就要供给印度水利设备和国内交通工具。现在他们正打算用铁路网覆盖整个印度。他们会这样做。其后果将是无法估量的。"[①] 十年之后，外国资本主义在中国谋划修铁路，基于同样的动机。马克思对于资本主义的历史作用有客观的评价："资产阶级历史时期负有为新世界创造物质基础的使命：一方面要造成以全人类互相依赖为基础的普遍交往，以及进行这种交往的工具；另一方面要发展人的生产力，把物质生产变成对自然力的科学支配。资产阶级的工业和商业正为新世界创造这些物质条件，正像地质变革创造了地球表层一样。"[②] 资本主义列强将工业引

① 马克思，恩格斯．马克思恩格斯选集．第 1 卷．3 版．北京：人民出版社，2012：858.

② 同①862.

入落后的农业国家，起到的就是连通世界与创造新物质条件的作用。因此，在马克思主义的世界历史图景中，落后国家的无产阶级实际上具有双重使命：一方面，他们要推翻外国资本主义的压迫，追求独立自主；另一方面，他们要学习外国资本主义带来的工业文化，去为进一步的社会变革创造不可或缺的物质条件。中车的诸早期实体，就是外国资本主义将工业文化引入中国后的产物，中车本身就是马克思所说的那种“物质基础”与“物质条件”。但是，在半殖民地状态下，包括中车在内的“物质基础”与“物质条件”在中国是无法充分发展的。于是，对中车的产业工人来说，在实现创造新世界的历史使命之前，首先要去完成打碎旧世界的历史使命，而一旦完成了打碎旧世界的历史使命，就必须去承担创造新世界的历史使命。只有站在马克思主义的角度充分理解了中车所承担历史使命的双重性，才能够真正理解其红色基因的内核，理解中车在不同历史时期的使命转换。在 1949 年之前，中车以及中车的产业工人，主要的历史使命，是参与民族解放的斗争，推翻内外反动势力的压迫，在革命洪流中为建立一个独立自主的新中国而战斗。

一 自发斗争

马克思和恩格斯在《共产党宣言》中分析过无产阶级斗争的历史，指出无产阶级的斗争具有鲜明的阶段性特征。起初，起来斗争的是单个的工人，然后是某一工厂的工人，然后是某一地方的某一劳动部门的工人，其斗争方式较为原始，甚至不乏落后性：“他们不仅仅攻击资产阶级的生产关系，而且攻击生产工具本身；他们毁坏那些来竞争的外国商品，捣毁机器，烧毁工厂，力图恢复已经失去的中世纪工人的地位。”[①] 在这一阶段，工人是分散在全国各地的群众，他们的大规模集结，并非主观上自觉联合的结果，而是资产阶级联合的结果。但是，随着工业的发展，无产阶级不仅人数增加了，而且结合成更大的集

① 马克思，恩格斯．马克思恩格斯选集．第 1 卷．3 版．北京：人民出版社，2012：408．

体，这时，斗争的方式和内涵改变了，越来越具有阶级斗争的性质：“工人开始成立反对资产者的同盟；他们联合起来保卫自己的工资。他们甚至建立了经常性的团体，以便为可能发生的反抗准备食品。有些地方，斗争爆发为起义。”① 马克思和恩格斯特别指出，交通工具的进步对于工人联合进而对于无产阶级斗争的重要意义：“中世纪的市民靠乡间小道需要几百年才能达到的联合，现代的无产者利用铁路只要几年就可以达到了。”② 在《共产党宣言》发表的1848年，铁路在欧洲也只是方兴未艾的新兴产业而已。毫无疑问，随着铁路的提速，工人的联合将会更加迅速。而一旦大规模的工人联合使“无产者组织成为阶级，从而组织成为政党”③，斗争就会引向新的阶段。当然，在1848年，马克思和恩格斯还无法细致地预见无产阶级在政党领导下的斗争的细节，但他们提出了共产党这一不同于其他无产阶级政党的特点：“在实践方面，共产党人是各国工人政党中最坚决的、始终起推动作用的部分；在理论方面，他们胜过其余无产阶级群众的地方在于他们了解无产阶级运动的条件、进程和一般结果。”④ 换言之，共产党能够用科学的社会主义理论来指导无产阶级的斗争。而其“最近目的”就是：“使无产阶级形成为阶级，推翻资产阶级的统治，由无产阶级夺取政权。”⑤

马克思主义是科学理论，就在于它总结了工人运动的历史规律，规律具有一般性与普遍性，从而使理论具有预见性。中国近代的工人运动史，虽不可避免有自己的特殊性，但在演化阶段上，符合马克思与恩格斯的判断。与欧洲一样，中国工业的兴起，孕育出了产业工人这一现代无产阶级，而中国无产阶级与世界其他地方的无产阶级一样，对压迫与剥削进行了自发的斗争。但这种自发的斗争只是早期阶段的工人运动，不具备理论上的自觉性。因此，中国产业工人早期的自发斗争，常常只针对具体的压迫者或剥削者个人，缺乏系统化的目标，也缺乏严密的组织，更缺乏对于阶级斗争至关重要的大联合。中车诸铁

---

①②③ 马克思，恩格斯．马克思恩格斯选集．第1卷．3版．北京：人民出版社，2012：409．

④⑤ 同①413．

路机厂工人早期的斗争即具有很明显的自发性。1918—1919 年，受俄国十月革命的影响，中国共产党的先驱领袖们已经开始探索新的改造世界的道路，并开始尝试与工人结合，其中就包括中车工人。同时，1919 年的五四运动也使中国的工人阶级开始登上政治舞台。从时间上看，1921 年中国共产党成立，是一个关键节点，在此之后，党开始领导工人运动，将包括中车工人在内的产业工人真正组织起来了。因此，1918 年以前大致是中车工人较为纯粹的自发斗争阶段。

唐山厂是中车最早诞生的实体，也是较早发生工人运动的中车工厂。1907 年，北京至奉天即沈阳的京奉铁路通车，该厂改称京奉铁路唐山制造厂，有蒸汽动力设备 13 台，1 316 匹马力，电动机 440 匹马力，各类机械及装备 770 台（件）。1908 年，根据中英铁路借款合同的规定，路局派英国人菲力普为厂务经理，金达为总工程司，外籍人员计 21 人。1910 年该厂有职工 2 407 人，其中技术及管理人员 157 人，当年制造客车 25 辆、货车 218 辆；修理机车 67 台、客车 184 辆、货车及守车 2 030 辆。辛亥革命爆发后，南京临时政府曾于 1912 年初发出指示，认为唐山厂制造的客车，质量不低于从德国、比利时等购买的同类车，而头等客车造价较进口低 13%，三等客车低 40%，为减少利益外流，应扩大工厂生产能力，并规定京奉、吉长、京张三路所用各种车辆，皆由唐山厂制造。为此，从 1914 年到 1915 年，政府对唐山厂给予了较多投资，建成机车机械厂房 4 344 平方米，从英、美、日等国购入各种设备 388 台。1915 年，工厂首次试制成功以钢代木的钢质外皮新型餐车。在用工方面，该厂工人分里工和外工，即正式工人与包工头招雇的临时工人。工人劳动时间春、夏、秋为 10 小时，冬季 9 小时，每日工资 0.2 元至 1.8 元。监工、技师每月工资则在百元以上，与工人相差悬殊[①]。实际上，外工与里工也经常发生争端，故工厂于 1914 年 1 月颁布了《唐山工厂工人监察章程和奖惩条规》17 条[②]。因此，唐

① 唐山机车车辆厂厂志编审委员会．唐山机车车辆厂志．北京：中国铁道出版社，1999：2．

② 中国北车唐山轨道客车有限责任公司．辉煌 130：唐车大事记（1881—2011）（内部发行）．2011：10．

唐山工厂设计制造的机车和客车进入北京城执行客运任务

山厂作为中国最早的铁路机车车辆工厂，在民国初年具有较雄厚的实力，虽远远无法与发达国家的同类工厂相提并论，但在中国也算业内翘楚。该厂创立伊始即依赖外国工程师金达，这一点到了民国初年并未有实质性的改变，由此可以看到其背后对于外国资本主义的依附性。至于该厂的用工情况，尤其是带有封建性质的包工制，在当时的铁路工厂中也具有代表性。1911 年，唐山成立了一个“华民工党”，其主要成员为唐山厂的工人。该党出版了《华民工党日刊》，曾抨击工头孙观熏、黄金德等人“残民媚外，久为唐山工界之公敌”，并指责英籍厂务经理菲力普“屡坏工程，为所欲为”。1912 年，唐山华民工党与上海“中华民国工党”合并。后来，唐山华民工党又组织“公益社”，开办工人夜校，开展报刊阅览，成立演讲队[①]。这个华民工党及其相关组织到 1916 年后就消失了[②]。从现有记载来看，华民工党是一个与工人有关的组织，针对包工头和外籍管理人员进行了一定的斗争，其斗争话语，既具有反抗剥削的经济动

① 中国北车唐山轨道客车有限责任公司．辉煌 130：唐车大事记（1881—2011）（内部发行）．2011：9．

② 同①12．

詹天佑（后排左起第 3 人）与其他首批留美幼童合影

机，又有反对外国势力的爱国主义情绪。不过，除了在报刊上发文抨击外，很难看到这个组织有采取过什么具体的行动。

就在华民工党消失的 1916 年，由于国外材料供应失衡，唐山厂造车出现停工现象，裁减了部分工人，工厂平均人数为 1 960 人，另有包工制工人 669 人。1917 年，唐山厂的机车机械所发生了一次反对大包工制的斗争，起因是该所的包工头无理开除了 100 多名工人，并要求降低工人工资，工人遂纷纷签名要求取消大包工制。由于工人团结斗争，厂方被迫在该所取消了大包工制[①]。这次斗争是一次典型的为维护工作权而展开的经济斗争，矛头指向了大包工制这种与先进工业文化不相容的落后的管理制度。由此可见，中车工人早期的自发斗争，虽然是生产关系层面的斗争，但对于促进生产力的发展是有益的，而这正是中车工人双重历史使命的统一性。不过，在 1881 年到 1917 年的漫长时间里，唐山厂工人载入史册的斗争亦仅此而已，可以反映出该厂工人尚缺乏阶级

① 中国北车唐山轨道客车有限责任公司．辉煌 130：唐车大事记（1881—2011）（内部发行）．2011：12．

京张铁路竣工验道时留影

自觉性与组织性。

南口厂和唐山厂一样，是中国人自己早期创办的机车车辆企业。1905 年 5 月，袁世凯奏议修建从北京至张家口的京张铁路，该路于当年 11 月动工，由中国工程师詹天佑负责修建。詹天佑是 1872 年赴美留学的幼童之一，毕业于耶鲁大学土木工程系，1881 年回国后，先在中国最早的工业企业之一的福州船政局工作，1888 年进入北洋官铁路局，在英国工程师金达身边工作。京张铁路是中国人自行修建的第一条铁路。对于中国人自己修铁路，列强少不了冷嘲热讽，英国公使便曾说："他们想用中国的工程师修建铁路，并且完全由中国自己管理。我承认，我怀疑中国人能高效和经济地修建和经营一条铁路。我曾经建议他们雇佣外国的工程师和管理人，但是他们因为受到了强烈的反对而拒绝。"[①] 实际上，京张铁路的施工面临着复杂的地质条件，这比此前外国人在华修建的一些铁路更具工程上的挑战。但詹天佑不辱使命。1909 年 9 月 24 日，

① 马纪樵．中国铁路：金融与外交（1860—1914）．许峻峰，译．北京：中国铁道出版社，2009：186–187．

南口厂早期图片

京张铁路完工。欧美工程师参观完京张铁路后，“无不啧啧称善，至谓青龙桥、鸡儿梁、九里寨三处，省去洞工，实为绝技，詹天佑为中国铁道技师开一新纪元”[①]。京张铁路修建之初，詹天佑等工程技术人员为了维护路务的需要，就决定在沿线建立装修机车车辆的工厂，最终选址于南口，因为：首先，南口距离各路铁路较近，车辆调度灵活；其次，关沟一带坡度陡峭，行车困难，南口至关沟路程不过 18.54 公里，坡度最大处，每 30 公尺高出 1 公尺，机车在此容易发生事故，南口离关沟最近，便于抢修。1906 年 8 月，京张铁路第一段工程丰台至南口段接近完工时，京张铁路总局在南口创立了京张制造厂，1910 年 3 月，该厂改称南口机车厂，1916 年又更名为南口机厂[②]。南口厂成立初期，设备简陋，工人劳动条件差，体力劳动繁重。从 1906 年到 1908 年，该厂大修机车 2 台、货车 12 辆。京张铁路完工后，该厂任务增大，进行了扩建。与当时大多数中国企业尤其是官办企业一样，南口厂的管理存在着很多不规范、不科学之处。例如，1914—1920 年在该厂担任厂长的王弼，公开将厂里的东西拿做私用。有一次，工厂进了一批木材，他选了其中上好的木料，又让工人免费给

---

① 谢彬．中国铁道史：下．北京：知识产权出版社，2015：15．

② 铁道部南口机车车辆机械工厂．铁道部南口机车车辆机械工厂厂史（初稿）（内部发行）．1984：3–4．

他打造了一堆家具和摆设[1]。工厂依靠工头（工目）管理工人，工人逢年过节要给工头送礼，平时要向工头纳“进俸”，否则工作不保。例如，杂工房的30多名小工每月要向工头田玉启“进俸”，少则1块半，多则2块，而小工每月工资也就7.2元左右，这严重影响了工人的实际收入。靠克扣、勒索工人所得，工头们过着花天酒地的生活。据老工人回忆：“那时工目（头），谱可大了！家里雇老妈子，还有听差的，听戏、打牌、下馆子是经常的事。”田玉启就在南口开过澡堂子、当铺和宝局子[2]。腐朽的管理制度，实际上是近代中国工业文化欠发达的一种表现，因此激起了南口厂工人的反抗。

据记载，南口厂建成后，曾发生王大辫子手持利斧劈砍工头章炳西的故事，但因为年代久远，难以核实，史志未收。南口厂有据可查而较有影响的早期工人斗争，系发生于1916年的工人齐斗田玉启。如前所述，田玉启是靠勒索工人发家的工头。他原为天津码头上的“混混儿”，于修建京张铁路时期进厂，因长得头大脖子粗，两只鼓眼，一个大肚囊，工人们给他起了“田大蛤蟆”的外号。有一次，火车在西弯道出轨，厂长王弼派他带人去抢修，他逼着工人在三伏天里修好了冒着热气的火车，然后一人向厂长报功，由此成为王弼信任的心腹。利用腐朽的管理制度，王弼经常向工人勒索。除了惯常的“进俸”外，他从北京一家妓院讨了个小老婆，也要逼迫杂工房30多名工友每人交2块贺喜钱。1916年，杂工房小工刘祥福被调到机车房几个月后，田玉启依旧找他索要“进俸”，他不肯给，受到田玉启拳打。这件事激起了工人们的义愤，杂工房工友跑来评理，其他车间的工友也闻讯赶来，一时聚集了二三百人，工人们喊着“欺人太甚了”，到厂长那儿去告状。愤怒的工人们来到厂长室，当面向厂长王弼揭露田玉启克扣工人的行径，提出不重办田玉启就不干活。王弼怕事情闹大，让田玉启给工人赔个不是，想借此了事，不料田玉启不

---

① 铁道部南口机车车辆机械工厂. 铁道部南口机车车辆机械工厂厂史（初稿）（内部发行）. 1984：20.

② 同①8–9.

吴淞机厂内景

肯向工人低头，恼羞成怒，反而把王弼克扣工人的老底给端了出来。工人们听后愈加愤怒。王弼为了开脱自己，就把管事的叫来，让他写份开除田玉启的公文报给局里。田玉启见状软了下来，不仅向工人赔礼，还保证以后不再克扣、打骂工人[①]。南口厂工人的这次斗争是一次临时激起的斗争，针对的是具体的人与具体的事，具有典型的自发性。

吴淞机厂是中车位于上海的早期实体。自鸦片战争后，上海逐渐成为中国的经济中心，也是外国资本主义势力的聚集地，在上海修铁路乃是大势所趋。1876 年由外国人建成又被清政府买下拆除的吴淞铁路，虽然如玩具一般不具备太大的实用性，但一定程度上显示了在上海修铁路的价值。到了 19 世纪末，在上海修建铁路的动议又起。1897 年，由清朝官员盛宣怀督造的淞沪铁路动工兴建，1898 年建成通车。这条铁路设上海、江湾、张华浜、蕴藻浜、炮台湾等站，主要用于客运。为了满足机车车辆的修配需求，1898 年，在吴淞张华浜的东面建了一个修配所，这便是吴淞机厂的前身。该修配所的全部厂房是 3 间前阔后窄的铅皮房子，只有工人三四十人，设备不过 3 只炉灶和 10 只老虎钳

① 铁道部南口机车车辆机械工厂．铁道部南口机车车辆机械工厂厂史（初稿）（内部发行）．1984：29–30．

台[①]。1903年，盛宣怀以淞沪铁路为抵押品，与英国方面签了借款合同，准许英国商人出资承办沪宁铁路，该铁路的管理权完全由英国人掌控。1905 年，沪宁铁路开工，1908 年竣工。早在 1901 年，盛宣怀就积极扩建淞沪铁路修配所的厂房，选择新厂址。淞沪铁路归并沪宁铁路管理后，该工厂也变成沪宁铁路的一部分。1905 年，新的工厂开始兴建，1907 年建成，这就是吴淞机厂。吴淞机厂位于蕴藻浜和张华浜之间，占地 1.86 公顷，有机器设备 50 台，员工 218 人。沪宁铁路全线通车后，吴淞机厂开始修车，当年修理机车 24 台、客车 67 辆、货车 104 辆。该厂厂长系英国人毛尔维[②]。吴淞机厂的历史脉络很典型地体现了近代中国工业发展所浸染的半殖民地性。一方面，吴淞机厂的源头是中国人自主创立的修配工厂，但另一方面，由于铁路权被出让给了外资，吴淞机厂真正建成后也就由外资所控制。据记载，英国人厂长毛尔维本来不过是吴淞机厂兴建厂房时帮土木工程师绘图的助手，知道其底细的中国工人背后都称他“小打样”。他对中国工人极为粗暴，经常拎着手杖到工场巡视，对中国工人不时棍棒相加。有一个叫周荣生的工人因为工作劳累，坐在车厢地上休息了一会儿，被毛尔维看见后，遭到一顿乱踢和抽打，然后被开除回家。周荣生受到惊吓又浑身是伤，回家不到一个月就死了。厂里的英国人每年要过圣诞节，还派管理车间的“头脑”和领班向全厂工人索取两天的工资作为“礼金”。这些“头脑”都是英国人，但也会像中国包工头那样要求工人逢年过节送礼[③]。这表明，在当时的大环境里，一些由外国人掌控的中国工厂，也并未引入国外先进的工业文化和管理制度，反而浸染了腐朽落后的封建习气。在种种压迫和剥削下，吴淞机厂的工人也有过一些自发斗争，但从文献记载看，没有采取特别激烈的

---

① 政协常州市武进区委员会，中车戚墅堰机车有限公司．穿越世纪的记忆．南京：江苏人民出版社，2017：8．

② 戚墅堰机车车辆厂厂志编纂委员会．戚墅堰机车车辆厂志（1905—1988）．上海：生活·读书·新知三联书店上海分店，1994：2．

③ 同①11–12．

建厂初期的浦镇机厂车间

形式。辛亥革命以后，1913—1914 年，吴淞机厂的工人以“崇尚信义、联谊互励”为宗旨，自发组织了“员工协进会”[①]。该组织曾积极响应声讨袁世凯，严厉执行对日货的拒购、拒运，是一个爱国组织，但形态仍近似于旧式封建行会[②]。

浦镇机厂是中车位于南京的早期实体。1908 年，清政府与英、德两国银行签订了《津浦铁路借款合同》，用以修建津浦铁路，英国与德国遂得以染指该路。英国人在铁路南端的浦镇兴建了浦镇机厂，由英国人奥斯登任厂长。建厂初期，工厂的主要任务是为修筑津浦铁路服务，生产筑路机械和配件，组装少量进口机车车辆。1913 年，津浦铁路全线通车后，铁路运务日渐繁忙，机车车辆修理任务与日俱增，该厂遂进行了较大规模的扩建，新建了机车场、车辆场等。到1926年，该厂可以修理机车60台、客车126辆、货车1 252辆[③]。可以说，

---

① 戚墅堰机车车辆厂厂志编纂委员会. 戚墅堰机车车辆厂志（1905—1988）. 上海：生活·读书·新知三联书店上海分店，1994：267.

② 政协常州市武进区委员会，中车戚墅堰机车有限公司. 穿越世纪的记忆. 南京：江苏人民出版社，2017：13.

③ 南京浦镇车辆厂志编委员. 南京浦镇车辆厂志（1908—2007）. 北京：中国铁道出版社，2008：3–4.

浦镇机厂是一家典型的由外国人管理的中国铁路机厂。英国管理者在厂旁的山上建有别墅式居所，俯瞰并监视着整个厂区，鲜明地体现了工厂的权力结构。

津浦铁路于 1911 年全线通车，浦镇机厂在通车前，修配机车的任务已经加重，需要补充一批新工人。奥斯登的心腹刘凤为了保持其工头地位，想乘招工之机，把有技术而不服他管的工人赶走，换上一批可以压低工资的新工人。这个计划得到了奥斯登的批准。在整个招工考试期间，不少技术工人在“技术不合格”的借口下被降低了工资，另有 8 名工人被冠以“技术太差”之名而被开除。这使得浦镇机厂工人长久以来积压的怒火一下子迸发出来。当时，钳工张起风和油漆工李永福在工人中享有威望，厂方这次不仅没有动他们的工资，还将李永福提升为油漆技工。工人们把足智多谋的李永福和魁梧豪爽的张起风比作一文一武，遇事爱找他们商议。据记载，张起风见工友生活难以维持，义愤填膺，号召道：“伙友们，洋鬼子太横行霸道了，咱们不能这样忍受下去啦！古语说的好，‘宁为玉碎，勿为瓦全’。有种的，咱们去找这些浑蛋算账去！”工人买雨田响应道：“洋人真是烂了肠子黑了心，这日子过不下去。”其他工人亦纷起响应：“等死不如闯祸，跟这些狗杂种拼啦！”于是，工人们在张起风和李永福的带领下，一齐向奥斯登居住的山顶花园涌去。此时，奥斯登听说工人闹事，正准备下山，恰与工人在半山腰相遇。奥斯登威胁工人道：“减工资，开除人是总管的命令，你们谁敢不服从！”由于与厂长交涉未果，第二天，30 多名工人代表，来到南京下关惠民桥津浦铁路南段管理局总管办公室，递交连夜写好的抗议书。为了应付管理当局和总管可能对示威领头人的威胁，李永福等人在抗议书上用碗画了个圆圈，然后工人们在圆圈周围签上名字。递交给总管纪德的抗议书提出的要求主要包括不准减少工资、不准开除工人、给每个工人增加工资、开除监工郝尔等。纪德想找出工人们的领头人，但根本没有头绪，就让翻译传话，请工人代表进办公室。于是，30 多名工人一起涌进了纪德的办公室。纪德怒吼：“我让你们的代表进来！”工人则回复：“我们都是代表！”由于此时津浦铁路通车典礼举行在即，纪德不想把事情闹大，就与工人进行讨价还价，称：“可以不减工资，不开除工人，等正式通车后再考虑加工钱，但不能开除郝尔。”买雨田一一列举了郝尔在厂里醉酒打骂工人的事实，并说：“我们是来做工的，不是来挨打受骂的，郝尔不走，我们都走！”纪德让翻译回应称：“郝尔行为不检，总管要劝告他，要他以后改正，至于开除他是不行的。”工人们继续据理力争，纪德无奈之下，答应了对郝尔调查之后再处理。张起风看到抗议的主要条件都答应了，再坚持下去也不会有多大用处，就对工人们说：“走，咱们回厂向伙友们讲讲，看看他们还有什么意见。”工人代表走后，纪德把郝尔叫到办公室狠狠训斥了一顿，骂他连管制中国工人都不会。不久，郝尔就离厂了。自此之后，只要遇到不合理或被洋工头欺辱的事，浦镇机厂的工人们就举行罢工斗争①。浦镇机厂工人反对洋工头的斗争，证明了团结就是力量这一工人运动的真谛。只不过，此时浦镇机厂的工人斗争还停留于自发的经济斗争阶段。

1898 年，德国取得了在山东修筑胶济铁路的权力，1899 年 6 月，德国组建了“山东铁路公司”，9 月开工修筑胶济铁路。山东铁路公司在距青岛 7 公里处的四方调车场旁边，建了一个设备、厂房齐全，能担负胶济铁路全部车辆装配和修理任务的铁路总厂，即胶济铁路四方机厂。四方机厂于 1900 年 10 月开始兴建，1902 年建成，1903 年投产使用，占地 12.5 公顷，有德国人 14 人、中国工人 270 人。工厂在 1904 年创设了艺徒养成所，专门培训徒工，每年招收 10 人，学制 4 年，每日学习德语 2 小时，其余时间到现场学技艺，毕业后留厂效力。在德国人的管理下，中国工人稍有不慎，就被关押或罚款，工作时间为每日 9 小时，星期日休息。至 1914 年 11 月，四方机厂共有设备 250 台。截至当时，四方机厂共组装机车 23 台、客车 23 辆、货车 624 辆，并与津浦铁路济南机厂共同负责修理胶济线上的铁路机车车辆。第一次世界大战爆发后，日本对德宣战，日军开进青岛，占领了四方机厂，直到 1923 年 1 月，中国的胶济

① 胡耀华．光辉的历程：中共南车南京浦镇车辆有限公司简史（内部发行）．2011：6–10．

早期四方机厂大门

铁路管理局机务处才“赎回”该厂，代价是银元 6 035 362.94 元。在日本侵占工厂期间，日本职工工资极高，中国职工工资极低，同工不同酬，一个日本徒工比中国高级技工工资还高[①]。半殖民地国家工业的不自主性，由此可见一斑。

四方机厂建厂初期，工人主要来自青岛附近失去土地的农民、破产的个体手工业者和从天津、上海等城市招募来的技术工人。在德国人经营时期，工厂规模不大，全厂中国工人仅 270 人。1914 年日本夺取工厂后，规模逐渐扩充，职工人数也不断增长，1916 年达到 700 人，1922 年增加到 1 773 人，其中包括 119 个日本人[②]。在 1919 年前，史志记载的四方机厂工人的自发斗争主要是针对德国管理者的。德国人占据青岛后，早在 1898 年就由德国胶澳总督颁布了《充当跟役苦力告示》，把中国工人视为可以任意打罚的苦力。四方机厂的德国管理人员制定了《华人职工控制法》，规定了名目繁多的罚款办法，限制工人的行动与自由。例如，中国工人打碎一片瓦，就要罚款 5 角，甚至工人出入俱

① 四方机车车辆厂史志编纂委员会. 四方机车车辆厂志（1900—1993）. 济南：山东画报出版社，1996：1–2.

② 同①43.

乐部，也要纳税，税额是职工平均工资的1/7。德国人对中国工人实施暴力管理，德国工头动辄用文明棍抽打中国工人。例如，有一次，工人于景科因劳累过度昏了过去，被德国工头看见了，不仅不救，反而用皮鞋踩他的肚子，用文明棍抽打他。有个叫刘石头的徒工长得比较黑，德国人便硬说他没洗净脸，当场抽打不说，还将他拉到水池边，一边用水冲，一边用刷子刷他的脸。当时，德籍厂长的工资为年薪7 500～9 000马克，德籍工厂监督、工长和事务员年薪为4 500～6 000马克，而中国金属工的工资为月薪15～35元，制图员和木工月薪为10～15元。此外，工厂不给工人盖宿舍，多数工人就在厂边的四方村租房子住，由于收入低，常常5个工人租一间半房，生活条件极差①。很显然，德国人不仅在经济上压榨中国工人的血汗，还自恃其“文明”程度高，在精神上蔑视与羞辱中国工人。在这样的剥削与压迫之下，四方机厂的中国工人不时采取激烈的反抗斗争。例如，有个姓孙的工人是胶县南乡人，外号“小胶南”，经常遭到一个名叫克伦的德国人的打骂。有一次“小胶南”在厕所里大便，克伦用皮靴踩他的头，“小胶南”怒从心起，捧起一块脏土打在克伦脸上，弄得他满脸都是屎。另据老工人回忆，机厂有个外号叫“大狗熊”的德国人，除了在厂里横行霸道，还专门调戏妇女。有一次，“大狗熊”在厂门口斜对面碰上一个上坟的年轻媳妇，跑上去进行调戏，青年妇女边挣扎边呼救，工厂有个会武术的工人陈相臣见此情景，急忙上前，一巴掌打在“大狗熊”脑袋上，接着又两拳打在他脸上。此时，下班路过的工人，也纷纷上前助阵，将“大狗熊”打得趴在地上求饶。此后，“大狗熊”变得老实多了②。四方机厂的中国工人，直接用暴力，反抗了德国剥削者的暴力，体现了不甘屈服的抗争精神。当然，在自发斗争阶段，四方机厂工人的反抗不仅零零星星，而且有时还采取了不乏落后性的斗争方式，如破坏产品等。工人的斗争，仍需要科学的领导。

---

① 四方机车车辆厂史志编纂委员会．四方机车车辆厂志（1900—1993）．济南：山东画报出版社，1996：44．

② 同①45．

满铁沙河口铁道工场

中车早期诸实体很多都是外国资本主义在华创立并管理的工厂，厂内中外籍员工待遇悬殊是普遍存在的问题，这成为中车工人早期自发斗争的重要诱因。沙皇俄国从清政府手中夺取了在中国东北修筑铁路的特权后，于 1899 年在大连创立了东省铁路机车制造所，1901 年，该制造所与东省铁路同时建成。1903 年，东省铁路正式运行，东省铁路机车制造所也开始经营，从事修理业务。日俄战争后，日本侵占旅大地区，接管了东省铁路机车制造所，改称大连铁道工场。1906 年，日本组建了对中国东北实行殖民侵略的“国策企业”南满洲铁道株式会社即满铁。次年，满铁接管了大连铁道工场。当时，大连铁道工场有工人 943 人，职员 59 人，多为日本人和俄国人，中国工人仅 18 人。1907 年，满铁将日俄战争期间的 1.076 米（3 英尺 6 英寸）的窄轨改为 1.435 米（4 英尺 8.5 英寸）的标准轨，原有周转材料完全不能使用，不得不重新制造一切。满铁从美国进口了 205 台机车、95 辆客车、2 090 辆货车、100 辆卡车的部件，在大连铁道工场组装。为适应扩大了的生产规模，大连铁道工场增加了 647 名职工，组装作业露天昼夜进行，由美国机车公司派遣的技师进行指导。由于场地不敷使用，1908 年 7 月，满铁将大连铁道工场搬迁至大连郊外西沙河口，于 1911 年 8 月搬迁、建设完毕，改称满铁沙河口铁道工场。新厂区建筑面积 56 837 平方米，安装了大批机械和起重运输设备，厂内建有铁道运输线，有 22 条蒸汽机车修理线、6 条货车修理线、9 条客车修理线。1914 年，沙河口铁道工场第一次制成货运蒸汽机车。至 1916 年，该厂年生产能力达到修理蒸汽机车 112 台、客车 242 辆、货车 1 530 辆，新造组装蒸汽机车 12 台、客车 6 辆、货车 137 辆。职工人数也急剧增加，至 1917 年达到 4 417 人，其中中国工人 2 595 人，占 58.75%①。在当时中国的铁路机厂中，沙河口铁道工场颇具实力，其蒸汽机车的新造能力较为突出。

与吴淞机厂、浦镇机厂、四方机厂相同的是，沙河口铁道工场里的中外籍工人同工不同酬，差额很大，中国工人平均工资是日本工人的 1/7 ～ 1/4。在居住条件方面，日本管理层和日本工人住在厂区东部的砖瓦结构住房中，中国工人则大多住在厂区西部的简易住房里，有的就住在木板和茅草搭成的窝棚里。日本人在中国东北土地上进行了野蛮残酷的管理，中国工人常被日本人以预防传染病为由而杀害，于是，在中国工人中流传着这样的说法："人在家中坐，祸从天上来，你要打个盹，上山火烧埋。"②这种残酷剥削与野蛮压迫自然也激起了中国工人的反抗。第一次世界大战爆发后，东北物价上涨，银价高昂，金银比价变动大。沙河口铁道工场工人的工资是以日元支付的，而市面交易用的是小洋，工人领取工资后必须兑换成小洋，由于能换到的小洋减少，工人生活更加困难。1916 年 12 月 4 日，沙河口铁道工场铸造工人杨振和等组织 450 余名中国工人举行罢工，向厂方提出以金票作为工资兑换价值，要求工厂给工资低的工人增资。罢工持续了 3 天。厂方一方面答应工人要求，劝说工人复工，另一方面勾结警察署，对 11 名罢工领导人进行讯问、拘留。1917 年 8 月，沙

① 大连机车车辆工厂厂志编纂委员会．铁道部大连机车车辆工厂志（1899—1987）．大连：大连出版社，1993：4-5．

② 工厂简史编委会．大连机车车辆厂简史（1899—1999）．北京：中国铁道出版社，1999：44．

河口铁道工场400多名中日工人因物价上涨举行了联合罢工，要求增加工资。但日本管理层给日本工人普遍增加了工资，中国工人却一无所获[①]。1917年的这次中日工人联合罢工，充分地说明了无产阶级天下一家，应当共同反对世界资本主义体系。但是，在当时的中国，本国工人地位低于外籍工人，是长期存在的事实，阶级斗争应与追求国家独立的民族解放斗争结合起来。

第一次世界大战给世界历史带来了深远影响，虽然其主战场位于欧洲，但其造成的震荡冲击到了远东。1916年与1917年沙河口铁道工场的两次罢工是当时整个中国东北工人斗争的一部分。到了1918年1月25日，受川崎造船所大连船渠工厂工人罢工斗争胜利的影响，沙河口铁道工场的2 155名中日工人又联合起来，进行斗争，其中日本工人860名、中国工人1 295名。工人们向厂方提出5项条件，主要包括：（1）增加40%工资；（2）增发加班津贴和夜班补助；（3）每月工休两日；（4）危险作业岗位增加津贴费；（5）在规定的下班时间5点以后离厂时，不得算为早退。日本管理层对罢工工人采取了分化瓦解的手段，对部分车工当面答应其所提要求，对其他工人进行拉拢和恫吓，对6名罢工领导人则让警察署进行拘捕。工人们坚持斗争了9天，因缺乏统一的组织领导，被迫复工，仅部分车工取得了微薄的成果。然而，中国工人在这次斗争中得到了锻炼。当年9月28日，沙河口铁道工场工人以物价腾贵、生活困难为由，向厂方提出要求增加工资的请愿书，遭到拒绝。10月7日，在杨振和、刘玉柱、王茂林、曹德俊4名老工人的带领下，全厂中国工人举行罢工，要求提高工资，与日籍工人同工同酬。参加罢工的2 062名工人占中国工人总数的80%，日籍工人对这次罢工也表示支持。工厂在罢工的打击下停产一周，厂方被迫答应给中国工人普遍提高工资，罢工胜利结束。但是，罢工领导人杨振和、王茂林遭到警察署逮捕，受尽折磨后，被驱逐出大连，另外2名罢工领导人也被工厂解雇，不得不离开大连[②]。尽管中国工人为罢工付出了代价，但沙

① 工厂简史编委会．大连机车车辆厂简史（1899—1999）．北京：中国铁道出版社，1999：45．

② 同①46．

河口铁道工场的工人运动高潮即将拉开帷幕，1919 年与 1920 年，厂方将面对前所未有的工人斗争。

1919 年或者更早一点的 1918 年，之所以可以被视为一个相对特殊的时间节点，是因为 1917 年 11 月 7 日俄国爆发了十月革命，建立了苏维埃政权，这不仅在人类历史上具有划时代的意义，而且在世界范围内产生了巨大的思想冲击。这种思想冲击会以或显或隐的方式对各国工人运动产生影响，尤其是对工人斗争产生鼓动与催化作用。中国东北长期受沙皇俄国殖民侵略，沙皇俄国倒台后，俄国革命的冲击波对于中国东北来说是直接的、剧烈的。因此，在 1919 年前后，中国东北的工人斗争自有其特殊性。

三 雪国热血

除了大连的沙河口铁道工场外，中车在中国东北的早期实体中，还有一家位于哈尔滨的工厂。1898 年 6 月 9 日，沙皇俄国在中国东北修筑中东铁路的同时，开始修建中东铁路哈尔滨附属工厂，厂址选在松花江南岸哈尔滨码头附近的沼泽地带。中东铁路建设局从阿什河地区招募了大批破产农民在沼泽里筑堤排水、运石填基、兴建厂房。经过 4 个多月的施工，附属工厂于 10 月 26 日竣工，被称为哈尔滨临时总工厂。由于当时中东铁路正在修筑过程中，哈尔滨临时总工厂的临时性名副其实，没有稳定的生产任务，只是临时维修小部分的机车车辆。当时，全厂共 1 300 名员工，厂房低矮，设备简陋，全靠手工作业。1902 年，中东铁路开始临时营业，当年即获得巨大利润，客货运输量超出中东铁路当局的预期，临时总工厂的修车负荷无法满足需求，路局遂开始筹建正规大厂。1903 年，中东铁路当局在距离临时总工厂向南半公里的地方动工兴建新厂。1907 年，新厂竣工，被称为东省铁路哈尔滨总工厂，简称哈尔滨厂。哈尔滨厂占地 84 万平方米，总建筑面积 3.8 万平方米，设 11 个分厂，安装各种设备 280 台。工厂年生产能力为大修机车 90 台、客车 80 辆、货车 400 辆，厂内共有中俄工人 2 000 名。1914 年，中东铁路公司从美国购入 800 台机车整机零

东省铁路哈尔滨南线建设开工仪式

哈尔滨厂最早的厂址在松花江南岸哈尔滨码头附近的沼泽地带

中国工人是筑路建厂的主力军

件，全部交由哈尔滨厂组装。该厂从天津、上海和青岛等地招募了大批中国技术工人，员工总数猛增至 3 000 名，仅机车分厂就有工人 1 000 多名。到 1920 年末，该厂共组装机车 794 台。十月革命胜利后，中国的北洋政府对新生的苏维埃俄国持敌对态度，中东铁路依然被沙俄残余分子中东铁路管理局局长沃斯特劳乌莫夫把持，直到1924年，他才被赶下台[①]。因此，哈尔滨厂直到1924年，都处在俄国旧势力的统治之下。

与外资在中国创办的其他早期铁路机厂一样，哈尔滨厂的半殖民地特点更加明显，中国工人的境遇也更加悲惨。但该厂有一个重要的特殊性，即它拥有一批俄国工人，而这批俄国工人较早地将布尔什维克主义引入中国，并建立了布尔什维克组织。这使得哈尔滨厂工人的自发斗争，比其他铁路机厂的自发斗争更加成熟。

资本主义世界体系存在着发达国家与落后国家的不平衡性，在发达国家中，也存在着较先进国家与较落后国家的不平衡性。毫无疑问，在 19 世纪末 20 世纪初，沙皇俄国就是帝国主义国家中较为落后的国家，其政治体制与经济管理体制，均保留着农业专制帝国的落后性与野蛮性，这也导致中东铁路和哈尔滨厂的俄国管理层在工人管理方面格外残酷。1903 年秋天，哈尔滨厂的工人住所“三十六棚”建成，此时哈尔滨临时总工厂竣工已有 5 年时间，俄国管理层对工人生活的漠视由此可见。在“三十六棚”建立前，中国工人就被安置在工厂附近临时搭起来的帆布帐篷中居住。哈尔滨在冬天便会变为雪国，哈尔滨厂最初的厂址又在沼泽地，在这种环境下，让工人居住在帐篷中，其生活条件之恶劣可想而知。终于，1903 年秋天，不堪忍受的中国工人在张永贵的带领下，成群结队涌向俄国大总管所在的办公室“大帐房”，提出“我们要享受人的待遇”“我们要房子住”等要求。当时的俄国大总管伊奥秀夫在义和团运动时，见识过中国民众的力量，知道不能硬来，便以要向霍尔瓦特局长汇报来

① 李广健．哈尔滨车辆厂志（1898—1995）．哈尔滨：哈尔滨出版社，1998：4–6．

哈尔滨厂建厂初期工人居住在简陋的“三十六棚”

搪塞工人。于是，工人们轮流到“大帐房”找大总管，要求解决房子问题。在好几天也未见答复后，张永贵带领不少中国工人手拿大棒去找大总管，要求给个明确回答，并当面揭穿大总管的鬼话：“你们今天呈报，明天研究，现在越来越冷，等你们盖好房子，早把我们冻死了。”大总管只好当着工人的面给霍尔瓦特打电话，请示解决工人住房问题。霍尔瓦特迫于形势，答应了中国工人的要求，责成工厂拨给砖、瓦和木材，用以修筑工人住宅。然而，当时哈尔滨正大兴土木，建筑材料奇缺，因此，能分给哈尔滨厂工人修住宅的材料少得可怜。就这样，哈尔滨厂在工厂东北一个比较干燥和平坦的地方，搭成一排排人字形的马架子，使之成为能够勉强居住的窝棚。这就是所谓的“三十六棚”。事实上，从“三十六棚”这一名称就可以知道，其居住条件只是比帆布帐篷要好，但远远够不上正规的住宿标准。这些窝棚最大不过六七十平方米，小的只有三四十平方米，窝棚两侧出入的门算是兼开的窗户，棚内一端有做饭用的锅台，沿着地面有一座通长的矮墙式的烟道，也是冬季室内唯一的采暖设备，同时兼作工人休息用的坐凳，烟道两旁则铺睡觉用的板铺。时人记载称：中国工人有眷者使住于三十六棚，周围地面南北长三十五丈，内住偕眷工人及附居者八百余户，且在洼地，土屋矮窄，窦门斗室，无院无街，密如蜂房。一户住数家，一屋住数姓。空气不通，遇火水车难进，当雨有倒塌之忧。每临秋夏之

哈尔滨厂内景

间，滞水腐臭，百病丛生。这与19世纪中期恩格斯笔下曼彻斯特工人住宅区的景象何其相似，甚至还更加不堪。整个“三十六棚”没有一条高出地面可供人行走的道路，只有棚与棚之间隔开的小道算是人行道，一到雨季，即成烂泥塘，工人上下班极为不便。住在附近洋房里的俄国职员，为了他们上下班方便，特意在三十六棚修了一段木板道，比地面高出半尺，但他们专门派人看守，不准中国工人在板道上通行。面对这样的窝棚，中国工人传唱着悲戚的歌谣：“三十六棚是寒冷宫，穷人过冬要人命，长夜没火难取暖，跺脚取暖到天明。”[①] 然而，即使是这样简陋的居住条件，也是中国工人自发斗争才获得的。

1905年，沙皇俄国爆发了革命。当年10月，哈尔滨厂中的俄国工人成立了布尔什维克组织“俄国民主工党哈尔滨工人团”。尽管这只是一个俄国工人

① 李广健．哈尔滨车辆厂志（1898—1995）．哈尔滨：哈尔滨出版社，1998：588–589．

哈尔滨厂旧址，原轧钢车间

的组织，但从历史记录看，该组织成立后，哈尔滨厂的工人斗争变得频繁起来，在中车早期诸实体中独树一帜。1905 年 11 月 11 日，哈尔滨厂的中俄工人举行罢工，反对沙皇俄国对铁路实行军管，反对军警监视工人，反对强迫工人加班加点。11 月 24 日，在哈尔滨厂召开了包括中东铁路沿线各站、段工人代表参加的工人大会，成立了由中俄工人共同组成的“特别罢工委员会”，决定自当晚起，实行全路罢工，并向铁路沿线发出罢工电报。中东铁路遂全线停运。11 月 28 日，俄军总司令里聂维赤与罢工委员会谈判，罢工委员会同意复工。12 月 19 日，由于沙俄铁路当局对哈尔滨厂工人同意复工后提出的条件拒绝答复，当晚 9 时，愤怒的工人把工厂的“大帐房”付之一炬，并继续罢工。1906 年，中东铁路当局对哈尔滨厂工人进行报复，关闭了该厂，开除了 200 多名中俄工人，同时强迫工人取消 8 小时工作制。到 2 月 27 日，驻扎在哈尔滨的沙俄军队逮捕了数名罢工委员会委员和铁路职员，交军事法庭判刑，罢工遭到残酷镇压①。这一系列斗争所显示出的组织性，表明哈尔滨厂工人的斗争已经

① 李广健．哈尔滨车辆厂志（1898—1995）．哈尔滨：哈尔滨出版社，1998：20．

脱离了纯粹的自发性，越来越具有现代无产阶级运动的风格。而这显然是该厂的俄国工人将布尔什维克主义引入工厂的结果，科学的理论提升了中国工人的阶级意识与阶级觉悟。1907 年 1 月 9 日，仍在厂中的中俄工人为纪念 1905 年俄国革命两周年，以上工汽笛为号，举行了罢工。这就很能说明哈尔滨厂工人斗争的特殊性。由于中东铁路和哈尔滨厂在当时属于俄国的殖民势力范围，在俄国人的掌控之中，所以，有俄国工人参与的哈尔滨厂的一系列罢工斗争，实际上也是俄国革命运动的一部分。就是这种具有外国色彩的斗争运动，给了该厂的中国工人以政治启蒙。

这种政治启蒙体现在，俄国布尔什维克主义工人将“五一”国际劳动节介绍给了哈尔滨厂的中国工人。1907 年 5 月 1 日，哈尔滨厂中俄工人进行了罢工，与中东铁路及哈尔滨各界工人一万余人在松花江北岸集会，纪念“五一”国际劳动节。这是中车红色文化火种的初燃，也是构成中车红色基因的最初材料。当时，鼓动中国工人参与纪念活动的是哈尔滨厂机车分厂工人吴泰。吴泰入厂前曾在俄国当苦力，会讲几句俄语，在他的鼓动与组织下，中俄工人一致决定在松花江边举行一次规模较大的“五一”纪念大会，除动员本厂工人参加外，还要动员哈尔滨面粉厂工人和码头工人参加，并尽可能通知中东铁路沿线各厂工人参加。4 月 30 日早上，哈尔滨厂的中俄工人代表到“大帐房”，找大总管巴切罗夫，向他郑重提出：“五月一日是全世界劳动人民的节日，我们全体工人要开会庆祝，要求放假一天。”巴切罗夫拒绝了工人的请求，并在工厂各处张贴出用中俄两种文字写成的中东铁路局局长霍尔瓦特的命令：“擅离职守或旷工者，负刑法第三八四条规定的罪责，处以 4 个月到 8 个月的监禁……”但工人们根本不为所动。第二天早上，工人们从四面八方向江边走去，有的工人还打着红旗。霍尔瓦特调动了沙俄的护境军赶来镇压，罢工领导人当机立断，决定渡江到江北太阳岛开会。大会开了 6 个小时，站在江南岸的沙俄军警始终未敢过江干涉。哈尔滨厂中俄工人的“五一”大罢工取得了胜利①。直到近十年

---

① 李广健．哈尔滨车辆厂志（1898—1995）．哈尔滨：哈尔滨出版社，1998：592–594．

后，“五一”国际劳动节才在中国被得到普遍的纪念，由此可以看到中车在中国红色文化发展史上的先锋性。1919 年 5 月 1 日，中国共产党的创始人之一李大钊写了一篇《“五一节”（May Day）杂感》，向中国读者介绍“五一”国际劳动节的意义：“‘五一节’从什么时候有的？自从一千八百九十年有的。……那一日是什么人有什么举动，才把这日作成了一个‘五一节’？那个日子是世界工党第一次举行大祝典的日子！是世界工人的惟一武器——‘直接行动’（Direct Action）造成的日子！是世界工人的神圣经典颁布的日子！”不过，李大钊也感慨：“我们中国今年今日，注意这纪念日的人还少。”[①]这反衬了中车的红色基因孕育之早。

一旦中国工人被政治启蒙，他们就会自觉行动。1912 年 5 月 1 日，哈尔滨厂工人为纪念“五一”国际劳动节，罢工一天。这一时期，该厂有中国工人 1 008 名，俄国工人 660 名。1914 年第一次世界大战爆发后，沙皇俄国在中东铁路附属地内发布戒严令，哈尔滨厂亦戒严。1915 年 7 月 15 日，为反对日本帝国主义灭亡中国的“二十一条”，哈尔滨厂成立了爱国储金会。爱国储金会劝说团成员张泰，在傅家甸同乐剧院舞台上剖腹募捐，誓死救国[②]。值得注意的是，此时哈尔滨厂的中国工人开始自发地组织爱国主义运动。1917 年 3 月 16 日，哈尔滨厂中俄工人举行示威游行，庆祝俄国二月革命，3 月 17 日，厂内俄国工人成立了“工人代表苏维埃”。4 月 29 日，客车分厂工人为了反抗沙俄统治，用钨金焊死了灭火水门，然后放火烧毁了客车分厂，使该分厂停工达 8 个月之久。5 月 1 日，又一个国际劳动节来临，中俄工人联合哈尔滨货栈、商场、作坊工人举行罢工。工人们高举红旗，抬着“工党万岁”“民主大同”等标语，在南岗教堂广场集会，纪念自己的节日，会后整队游行。7 月 27 日，哈尔滨厂和香坊车站、铁路印刷厂等处 3 000 多名中国工人要求增加工资，实行罢工，坚持了一个月之久。对于这次罢工，天津《大公报》曾于 9 月 2 日刊发报道：

---

① 中国李大钊研究会．李大钊全集：第 2 卷．北京：人民出版社，2013：455．

② 李广健．哈尔滨车辆厂志（1898—1995）．哈尔滨：哈尔滨出版社，1998：22．

中东铁路大罢工

"铁路总办情愿为各工人增加工资，其数则各华工于前欧战所得之数增加一倍，各华工已经允许，定本月 29 日照常作工，是此最大之风潮，已和平了解（结）矣。"[①]11月26日，哈尔滨厂俄国工人和士兵举行代表会议，会上通过承认苏维埃政权的决议，中国工人代表参加了会议[②]。这一系列密集的工人斗争，在当时的中国也是不多见的，其背后正是俄国革命形势变化的牵动。

1918 年对哈尔滨厂和中东铁路来说，是风雷激荡的一年。开年之初的 1 月 5 日，哈尔滨厂的中国工人就要求增加工资，举行了罢工，于 23 日结束。罢工对于哈尔滨白俄当局造成了极大的经济打击，1 月 16 日的《大公报》报道称："哈埠三十六棚华工罢工已有数日，要求除加薪及工党加津贴外，再加增原得之薪水，因之铁路公司无以应付。现在运货之减少不及往日万一，粮食出口者

---

① 中华全国总工会中国工人运动史研究室．中国工运史料：第一至八期：上．北京：工人出版社，1984：89．

② 李广健．哈尔滨车辆厂志（1898—1995）．哈尔滨：哈尔滨出版社，1998：22–23．

更无希望，而华工更继之以罢工，哈埠今前途不堪过问矣。”[①]铁路当局答应了中国工人增发工资等要求，罢工取得了胜利。这次罢工意义重大，因为它是由中国工人自己独立组织的一次罢工。4 月 15 日，中东铁路哈尔滨地区的中俄工人召开了秘密会议，通过了反对白卫军的决议。5 月 3 日，白俄警察对中国工人住宅区进行了搜查，无故枪杀因害怕而逃跑的中国工人邓辉荣，连中国警察当局也表示愤慨，称：“俄人伤害华人，视同儿戏。”哈尔滨厂中国工人为抗议白俄警察无故伤人，于 5 月 4 日罢工一天。5 月 8 日，霍尔瓦特在中东铁路沿线贴出布告，宣称他对于“侨居铁路界之俄人”有“统治权”，同时宣布组织俄人铁路护路军。这一时期，中东铁路沿线的暗杀案层出不穷。5 月 15 日，一名进步的俄国教师被白卫分子惨杀。哈尔滨厂中俄工人代表赶紧与中东铁路沿线工人代表召开紧急会议，决议由中东铁路职工联合会宣布全线工人罢工一日，以抗议铁路当局纵容白卫军的暴行。这次罢工虽然只有一天，但铁路当局损失约 30 万卢布之多，霍尔瓦特采取了镇压措施，下令解散铁路职工联合会执委会，并将 13 名委员驱逐出境。同时，由俄人铁路护路军总司令宣布戒严令。但中国工人从这次全路大罢工中得到了锻炼。9 月 2 日至 9 月 12 日，哈尔滨厂中俄工人又发动了中东铁路工人第二次大罢工，要求铁路当局取消戒严令，增加工资。这次罢工正值协约国出兵干涉俄国革命之际，罢工工人遂于 9 月 6 日提出了不得强迫工人为白俄军队修理装甲车等 5 条政治要求。罢工基本取得了胜利，不仅使铁路当局损失了 150 万卢布，还有力地支援了苏俄红军。10 月 18 日，哈尔滨厂工人刘锡田向东省铁路督办呈请组织华工维持会，得到准许。华工维持会于 10 月 30 日成立，称“工业维持会”，会址设在“三十六棚”206 号[②]。要指出的是，这个工业维持会虽然是一个中国工人自己的工会，但后来蜕变为了官厅的御用工会，1930 年被哈尔滨厂的工人推翻了。

---

① 中华全国总工会中国工人运动史研究室. 中国工运史料：第一至八期：上. 北京：工人出版社，1984：89.

② 李广健. 哈尔滨车辆厂志（1898—1995）. 哈尔滨：哈尔滨出版社，1998：23–24.

1919年与1920年的中东铁路更加动荡，究其原因，苏俄红军与白俄在远东的战争进入决战阶段了，而日本也于此时趁火打劫，把手伸向了中东铁路及其沿线的中国领土。1919年1月29日，哈尔滨厂及中东路机务段工人开会，反对中东铁路为日本运兵。从当年2月起，有许多在苏俄的华工陆续回国，他们带回了不少宣传共产主义的报刊，如《华工醒时报》等，共产主义思想在哈尔滨被广为传播。3月23日，因物价高涨，纸币贬值，哈尔滨厂的工人联合会向中东铁路当局提出增加工资的要求。5月16日，哈尔滨厂500多名工人在工人俱乐部集会，决定拒绝路局以白俄高尔察克政府纸币发放工资，否则一律罢工。此时，中东铁路沿线工人准备组织起来向路局交涉，路局则暗中布置，准备镇压工人。5月21日，哈尔滨厂中俄工人召开大会，讨论罢工条件，不料遭到闯入会场的白俄警察殴打，愤怒的工人夺下白俄警察的佩刀，将其赶跑，然后继续开会。会议决定了包括“中俄工人一律平等”在内的5项条件，决定全厂一律罢工，不达目的不罢休。这便是“五月罢工”。罢工于27日胜利结束。7月19日，为拒绝路局以高尔察克政府纸币发放工资，哈尔滨厂工人发动中东铁路沿线工人举行了第三次全路大罢工，罢工坚持了32天，取得了胜利。这次罢工导致白俄政权的铁路运输全线瘫痪。就在罢工期间，苏俄红军进入西伯利亚地区，远东的形势开始出现巨变。1920年1月4日，哈尔滨厂的俄国工人向中国工人散发传单，揭露俄国旧官僚的罪状，说明俄国布尔什维克的对华政策，号召中国人民驱逐霍尔瓦特等旧官僚，提防日本在中国的扩张。1月25日，哈尔滨厂工人秘密召开会议，并制作书有“驱逐日人”“驱逐霍氏”等字样的小红旗5 000面。3月13日，哈尔滨厂中俄工人共同行动联合会改为罢工联合会，为推倒霍尔瓦特，发动了第四次中东铁路全线大罢工。霍尔瓦特向白俄总管们施加压力，命令他们制止罢工，但各地的白俄分子束手无策。霍尔瓦特又企图利用中国军队镇压罢工工人，但遭到了中国军队的拒绝。而在霍尔瓦特管辖的一些俄国军警中，倾向于布尔什维克的人日渐增多，到处打起了红旗。这次大罢工得到了哈尔滨各界群众的有力支持，中国商人举行了罢市。在有利的形势下，北京政府采取了措施，3 月 14 日以东省铁路督办名义照会霍尔瓦特去职。3 月 16 日，中国军队解除了白俄军警的武装，霍尔瓦特终于下台，大罢工取得了完全胜利。3 月 17 日，罢工工人正式复工[①]。第四次中东铁路全线大罢工的胜利，标志着哈尔滨厂工人斗争一个阶段的结束。

霍尔瓦特下台后，哈尔滨厂进入一个相对平静的时期。1920 年该厂公布职工人数，共有中国工人 1 735 名。当年 11 月 7 日，该厂工人捐款支援俄国革命，每人捐助现洋 1 至 2 元，购买粮食运往俄国。11 月 23 日，莫斯科派代表来厂讲演布尔什维克主义并组织秘密机关，鼓动中国革命。1921 年，哈尔滨厂锻冶分厂工人将白俄总管绍包罗夫驱逐出厂。当年底，中国共产党派罗章龙来东北视察工人运动，深入哈尔滨厂了解情况[②]。哈尔滨厂的工人运动将进入一个新的阶段。

就在中国东北北边的哈尔滨掀起工人斗争高潮的同时，南边的大连也再度风起云涌。与哈尔滨厂的中俄工人联合斗争相似的是，沙河口铁道工场的中日工人展开了共同的斗争。1919 年 5 月，沙河口铁道工场的日本工人成立“友爱会”，在册人数 1 200 余名，同年 11 月，该厂日本工人又成立了“大陆工会联合会”。出于无产阶级的共同阶级利益，沙河口铁道工场的日本工人在举行了几次单独罢工之外，还与中国工人一道斗争。1919 年 5 月 1 日，沙河口铁道工场 1 200 多名中国工人和 1 365 名日本工人联合举行罢工，要求提高工资。1920 年 2 月 5 日，沙河口铁道工场客车工场的 200 余名中日工人举行了联合罢工，坚持了 11 天[③]。当年 4 月，沙河口铁道工场预谋裁员，引起了中日工人的强烈不满。铸造工场日本工人牛岛、机械工场日本工人若木与中国工人于景龙等商议，决定在 4 月 30 日工厂开工资后，第二天便停止工作，但不离开

---

① 李广健．哈尔滨车辆厂志（1898—1995）．哈尔滨：哈尔滨出版社，1998：24，602–612．

② 同①25．

③ 大连机车车辆工厂厂志编纂委员会．铁道部大连机车车辆工厂志（1899—1987）．大连：大连出版社，1993：24．

工厂，以怠工的形式进行罢工，同厂方开展反对解雇裁人的斗争。5 月 1 日早晨，沙河口铁道工场中日工人联合罢工开始，工人们在工场内外谈笑走动，谁也不干活。台车工场的几位工友还将一台待修理的旧客车清扫出来，作为中日联合罢工的办公室。当天下午，罢工工人在沙河口体育场联合召开抗议失业大会，大会通过决议，要求满铁必须停止裁减沙河口铁道工场工人。会后，全厂 5 000 余名中日工人举行了声势浩大的游行示威。由于资方一直未答应工人的条件，罢工持续进行。6 月 1 日下午，沙河口铁道工场数千名中日工人再次在沙河口体育场集会，游行示威，抗议和反对资方解雇工人。6 月 5 日早晨，在工厂集会的工人愤怒地砸碎了厂部办公大楼的一些玻璃。6 月 6 日上午，2 000 多名中日工人又一次在沙河口体育场集会示威，并组织了敢死队，准备采取进一步行动。日本殖民当局对这次大罢工如临大敌。6 月 7 日，日本殖民当局从大连、旅顺抽调 200 余名警察和 70 多名宪兵把守工厂的各个重要部门。6 月 8 日，300 多名警察持枪在工厂内外严密警戒，在此肃杀的气氛下，厂方强行解雇中国工人 1 330 名、日本工人 540 名、日本职员 65 名。但慑于中日两国工人斗争的威力，厂方也不得不作出重大让步：一是发津贴给解雇的工人，二是住工厂宿舍的解雇工人可延期半个月搬走。6 月 10 日，历时 40 天的沙河口铁道工场工人大罢工结束①。1920 年的沙河口铁道工场工人大罢工给了日本殖民当局以沉重打击，但是，这场罢工仍然属于工人阶级的自发斗争，缺乏政治目标。这是沙河口铁道工场工人斗争与哈尔滨厂工人斗争的不同之处。值得注意的是，1919 年与 1920 年沙河口铁道工场中日工人的两次重要的联合大罢工，都选择了在 5 月 1 日这个特殊的日子展开，这自然彰显了新的时代特色。1920 年 8 月，沙河口铁道工场的日本当局为了镇压工人斗争，经日本沙河口“警察署”批准，在工厂内部建立了“请愿派出所”。同年，受经济萧条影响，该厂

---

① 工厂简史编委会．大连机车车辆厂简史（1899—1999）．北京：中国铁道出版社，1999：46–48．

大批裁员，将中国工人裁减了 74.5%，将日本职工裁减了 25.5%[①]。沙河口铁道工场工人运动，暂时进入低潮。

由于历史上清王朝曾经采取的短视政策，以及交通不便、殖民侵略等多种因素，东北地区的铁路发展在近代中国具有某种特殊性，与关内铁路发展常常不同步。然而，也是由于毗邻俄国并被俄国殖民势力染指，中国东北的中东铁路能较早接触布尔什维克主义，并直接卷入俄国革命，受革命的洗礼。附属于中东铁路的哈尔滨厂因此能在中车早期诸实体中，最先燃烧红色的火种，将工人斗争由自发阶段引向自觉阶段。不过，哈尔滨厂早期的工人运动仍然有其局限性，尤其体现为中国工人缺乏像俄国工人那样明确的政治主张和斗争纲领，也缺乏真正独立的工会组织。这种局限性，决定了 1921 年之前的哈尔滨厂工人运动，仍然属于中车工人运动的早期阶段，仍未完全产生出无产阶级斗争的自觉性。

① 大连机车车辆工厂厂志编纂委员会．铁道部大连机车车辆工厂志（1899—1987）．大连：大连出版社，1993：24．

第三章 红色初心

1921 年 7 月 23 日晚上，中国共产党第一次全国代表大会在上海法租界望志路 106 号（今兴业路 76 号）开幕。中国共产党第一次全国代表大会宣告中国共产党正式成立。从此，古老落后的中国出现了完全新式的无产阶级政党，这是中国历史上开天辟地的大事件[①]。在中国共产党成立前，中车的工人在外国资本主义与本国工业落后管理体制的压迫下，已经自发地开展过斗争，但只有在中国共产党的领导下，中车的工人才真正有了无产阶级觉悟，自觉地投身于国民大革命的浪潮中。20 世纪 20 年代初的中国，红色风雷震动神州，中车的红色基因于此时形成，为中车的企业文化染上了鲜红的底色。由中国国情特殊性所导致的中国革命的特殊性，又使无产阶级反抗资本主义的斗争，在中国指向了推翻外国资本主义及其在华政治代理人的民族复兴大业。也只有在赢得了国家独立之后，建设独立自主的工业才能被提上议程。在中国共产党的领导下

---

① 中共中央党史研究室．中国共产党历史：第 1 卷，1921—1949：上册．北京：中共党史出版社，2011：69．

追求独立自主，由工人阶级自己掌握自己的命运，并去建设一个劳动人民当家作主的新国家，这是中国中车的红色基因，也是它的红色初心。1921年前后，在中国共产党以及党的早期组织的领导下，中车的若干实体率先形成了红色基因。

 党的领导

中车工人早期的自发斗争，反映了中国无产阶级早期斗争的一般特性。这种一般特性指的是，中国无产阶级并不是一开始就能够认识到自己的历史使命并发挥自身的革命作用的，这一阶级在诞生初期还受到封建的宗法思想、行帮观念、宗教迷信及其他种种封建意识和习俗的侵蚀，受农民小生产者的思想和习惯的影响较深，接受现代教育少，文化水平低。因此，中国的无产阶级要充分体现和发挥自身的革命性，还必须在先进思想的指导下，认清自己的阶级利益和历史使命，建立与农民、旧式手工业工人和江湖游民的组织截然不同的新的阶级组织形式，也就是无产阶级革命政党和现代工会，从而由自在的阶级转变成自为的阶级[①]。1921年，能够承担领导中国无产阶级历史重任的中国共产党诞生了。在党的领导下，中车工人由自发斗争转向革命斗争，中车的红色基因在先进思想的指导下凝聚形成。

十月革命爆发后，马克思主义传入中国。1919年，伟大的五四爱国运动爆发，当爱国学生坚持斗争时，上海工人从6月5日起自动举行罢工，支援学生的反帝爱国斗争。上海工人的行动推动了全国各地的罢工风潮。中国工人阶级特别是产业工人，以如此巨大的规模参加反对帝国主义和反动军阀政府的政治斗争，是前所未有的，这表明中国工人阶级开始以独立的姿态登上政治舞台[②]。从

---

① 中共中央党史研究室．中国共产党历史：第1卷，1921—1949：上册．北京：中共党史出版社，2011：27．

② 同①41。

6 月到 11 月，中车的吴淞机厂、唐山机厂、长辛店机厂、浦镇机厂的工人纷纷举行罢工或示威游行[①]。其中，吴淞机厂因处在最先罢工以支援学生的上海，其斗争尤为突出。自 6 月 7 日起，吴淞机厂的工人就在沪宁杭甬铁路工人中率先罢工达7天之久[②]。工人们组成“十人团”，在厂内张贴标语，散发“外争国权，内惩国贼”“取消二十一条不平等条约”等爱国标语和传单。“十人团”还发动工人捐款支援赎回胶济铁路。同时，吴淞机厂工人还与沪宁、沪杭铁路工人取得联系，做出铁路工人总罢工的决定[③]。这次斗争使吴淞机厂的工人受到了教育，得到了锻炼。在五四运动期间，中车的长辛店机厂也组建过救国十人团，浩浩荡荡过天桥，乘火车，到北京城声援示威学生[④]。五四运动发生在俄国十月革命所开创的世界无产阶级革命的新时代，它实际上已经成为世界无产阶级革命的一部分，并由此在中国引发一场广泛的深层次的马克思主义传播运动[⑤]。

自中国遭逢三千年未有之大变局以来，就不乏一批仁人志士和先进分子，探索救亡图存之路。中华民国建立后，发达国家的各种思潮涌入中国，北京、天津、南京、上海、武汉、广州、长沙等城市的一些青年，接触、学习、分析、比较与选择各种主义和学说，希望能从中找到挽救民族危亡和改造中国社会的良方，马克思主义也是这些新思潮中的一种。中国共产党就是由这些怀着救国热忱的进步青年创立的[⑥]。毛泽东就是这批具有共产主义思想的知识分子的一个典型。早在学生时代，毛泽东就具有高度的爱国主义情感。1915 年 1 月，

---

① 中国中车志编委会．中国中车志（1881—2015）．北京：中国铁道出版社，2017：48．

② 戚墅堰机车车辆厂志编纂委员会．戚墅堰机车车辆厂志（1905—1988）．上海：生活·读书·新知三联书店上海分店，1994：267．

③ 政协常州市武进区委员会，中车戚墅堰机车有限公司．穿越世纪的记忆．南京：江苏人民出版社，2017：13–14．

④ 中车北京二七机车有限公司．大道无疆：纪念中车北京二七机车有限公司 120 华诞．北京：中国工人出版社，2017：32．

⑤ 中共中央党史研究室．中国共产党历史：第 1 卷，1921—1949：上册．北京：中共党史出版社，2011：43．

⑥ 同⑤44–45．

日本政府向袁世凯提出旨在独占中国的“二十一条”，5月7日，又提出最后通牒，限48小时内答复，5月9日，袁世凯对日本的要求，除声明第五号一部分“容日后协商”外，其余一概加以承认。当年夏天，就读于湖南省立第一师范学校的毛泽东就写下雪耻明志之句：

五月七日，
民国奇耻；
何以报仇？
在我学子！①

此时的毛泽东，也一直在探求真理的道路上学习与实践。1917年，他在一封信中表达了自己对人生志向的态度，认为志向与真理密不可分：“十年未得真理，即十年无志；终身未得，即终身无志。”②在探求真理的路上，毛泽东作为知识分子，主动与劳动人民结合，开办夜校教育工人。毛泽东在1917年10月为湖南省立第一师范学校写的夜学（即夜校）广告是这么说的：“这个夜学专为列位工人设的，从礼拜一起至礼拜五止，每夜上课两点钟。教的是写信、算帐，都是列位自己时刻要用的。讲义归我们发给，并不要钱。……列位大家想想，我们为甚么要如此做？无非是念列位工人的苦楚，想列位个个写得、算得。列位何不早来报个名，大家来听听讲？”③年轻的知识分子毛泽东，非常自觉地将自己所学的知识服务于工人，服务于劳苦大众，这也成为他后来转变为一个马克思主义者的思想基础。1918年4月，毛泽东与蔡和森等人在长沙发起组织新民学会，从事革命活动。同年，他在第一次北京之行期间，受到了俄国十月革命的思想影响。1919年12月，他第二次到北京，热衷阅读关于十月革命的书籍和马克思主义著作。1920年4月，毛泽东从北京到上海，一直逗留到7月，同陈独秀探讨马克思主义与湖南革命活动等问题。这段时间，毛

① 中共中央文献研究室，等. 毛泽东早期文稿（1912.6—1920.11）. 长沙：湖南人民出版社，1990：11.
② 同①87.
③ 同①94.

泽东的思想迅速发生变化。到 1920 年冬，他从理论到实践上已成长为一个马克思主义者[①]。1921年1月，毛泽东在新民学会长沙会员大会上发言，指出解决社会问题的方法是："激烈方法的共产主义，即所谓劳农主义，用阶级专政的方法，是可以预计效果的，故最宜采用。"[②]这是毛泽东成为马克思主义者的宣言。

李大钊是中国第一个传播马克思主义并主张向俄国十月革命学习的先进分子[③]。1918 年，李大钊撰写了《法俄革命之比较观》一文，热情讴歌俄国十月革命："俄罗斯之革命是二十世纪初期之革命，是立于社会主义上之革命，是社会的革命而并著世界的革命之采色者也。"[④]在《庶民的胜利》中，李大钊阐述了简明朴素的阶级理论，讴歌了劳动与劳工："世间资本家占最少数，从事劳工的人占最多数。因为资本家的资产，不是靠着家族制度的继袭，就是靠着资本主义经济组织的垄断，才能据有。这劳工的能力，是人人都有的，劳工的事情，是人人都可以作的，所以劳工主义的战胜，也是庶民的胜利。"在文章结尾，他呼吁中国人："凡是不作工吃干饭的人，都是强盗。……我们要想在世界上当一个庶民，应该在世界上当一个工人。诸位呀！快去作工呵！"[⑤]然而，在半殖民地社会的资本主义制度压迫下，真正劳动和做工的人，却不如骡马。李大钊在 1919 年的一篇文章里描述了唐山煤厂工人的悲惨处境："在唐山的地方，骡马的生活费，一日还要五角，万一因劳动过度，死了一匹骡马，平均价值在百元上下，故资主的损失，也就是百元之谱。一个工人的工银，一日仅有二角，尚不用供给饮食，若是死了，资主所出的抚恤费，不过三四十元。这样看来，工人的生活，尚不如骡马的生活；工人的生命，尚不如骡马的

---

① 中共中央党史研究室. 中国共产党历史：第 1 卷，1921—1949：上册. 北京：中共党史出版社，2011：50.

② 中共中央文献研究室. 毛泽东文集：第 1 卷. 北京：人民出版社，1993：2.

③ 同①45.

④ 中国李大钊研究会. 李大钊全集：第 2 卷. 北京：人民出版社，2013：330.

⑤ 同④358–359.

生命了。”[①]1921 年 3 月的一天，李大钊和几个朋友到北京宣武门外，沿途所见贫民生活令他触景生情：“归途沿着城根走，看见铁轨上横着一辆车，载着些烧残的煤渣，几个苦工，带着满面的灰尘，一锹一锹的往下除。几十个贫苦的女人、孩子在那里拿着小筐在灰尘里滚，争着拣个一块半块的还未烧尽的煤渣。”[②]在同一天，李大钊还写下了这样的文字：“北京市内，每到吃晚饭的时候，有一种极悲惨的声音送入市民的耳鼓，这就是沿街叫苦乞怜于阔绰人家的残羹剩饭的呼号。这种声浪，直喊到更深，还断断续续的不绝。一家饱暖千家哭，稍有情感的人，便有酒肉在前，恐怕也不能忍心下咽吧！”[③]中国年轻的马克思主义者们，要改造社会，要迎接劳工主义的胜利，就要解决工人以至整个劳苦大众阶级的问题。

1919 年 2 月，李大钊发表了《劳动教育问题》一文，指出资本主义的剥削与压迫是扭曲人性的，使工人不能成为一个完整意义上的人：“一个人汗血滴滴的终日劳作，靡有工夫去浚发他的知识，陶养他的性灵，他就同机械一样，牛马一般，久而久之，必把他的人性完全消失，同物品没有甚么区别。”因此，工人运动所要求的“一日工作八时”“一周工作四十时”，就是现代劳工的“觉醒”。故而，李大钊主张对工人进行教育：“劳工聚集的地方，必须有适当的图书馆、书报社，专供人休息时间的阅览。”[④]要让工人成为真正的人，劳有所得，工余能提升自我，实现物质与精神两方面的满足，这是中国早期马克思主义者对于工业文明的期望。对于知识青年，李大钊则希望他们能够与劳动结合，在劳动中改造自我，塑造更加健全的人格：“我觉得人生求乐的方法，最好莫过于尊重劳动。一切乐境，都可由劳动得来，一切苦境，都可由劳动解脱。”[⑤]在李大钊心目中，一个理想的“少年中国”，是由物质和精神两方面改造而成的

---

① 中国李大钊研究会．李大钊全集：第 2 卷．北京：人民出版社，2013：436．

② 中国李大钊研究会．李大钊全集：第 3 卷．北京：人民出版社，2013：356．

③ 同②357．

④ 同①407–409．

⑤ 同①439．

"少年中国"，精神改造的运动，"就是本着人道主义的精神，宣传'互助'、'博爱'的道理，改造现代堕落的人心，使人人都把'人'的面目拿出来对他的同胞"；物质改造的运动，"就是本着勤工主义的精神，创造一种'劳工神圣'的组织，改造现代游惰本位、掠夺主义的经济制度，把那劳工的生活，从这种制度下解放出来，使人人都须工作，作工的人都能吃饭"。他从唯物主义的角度出发，强调物质的改造更加重要："因为经济组织没有改变，精神的改造很难成功。"[①] 要改变经济组织，就要进行革命。

必须指出的是，中国年轻的马克思主义者是热烈拥抱工业文化所创造的现代物质文明的。1918 年，李大钊在《新的！旧的！》一文中，畅想在北京发展轨道交通，以改善城市环境："若能在北京创造一条四通八达的电车轨路，我想那时乘坐驼轿、骡车、人力车等等的人，必都舍却这些笨拙迂腐的器具，来坐迅速捷便的电车，马路上自然绰有余裕，不像那样拥挤了。"以"电车轨道"所代表的工业文明，在李大钊眼中，代表着"新文明的幸福"和"新生活的趣味"[②]。中国的马克思主义者，不仅要让工人翻身做主人，要让知识分子尊重劳动，也要去用创造性的劳动建设富足繁荣的工业文明。然而，积贫积弱的中国要如何创造工业文明？马克思主义者也进行了自己的思考。当时，有相当一部分人认为中国应该先在资本主义制度下发展包括工业在内的现代经济，再考虑社会主义不迟。李大钊在 1921 年 3 月发表的《社会主义下之实业》中批判了这种观点。李大钊以铁路为例，对比中国和苏俄的不同，指出，苏俄"既是社会主义国家，为何还能振兴实业？单就铁路一端而论，苏维埃政府于过去三年间，添造铁路五千七百俄里（每里约三千五百英尺）。现在还派员四出测绘，预备再筑新路两千俄里，今年年内即可通车，此种新路连贯未经开采之各大森林，以为提倡木料实业之用。中国共和现在已竟十年，添造的铁路在那里？"继而，他解释了为何苏俄能依靠社会主义发展工业："因为资本主义之下，资

① 中国李大钊研究会．李大钊全集：第 3 卷．北京：人民出版社，2013：67．

② 中国李大钊研究会．李大钊全集：第 2 卷．北京：人民出版社，2013：291–292．

本不能集中，劳力不能普及，社会主义之下，资本可以集中，劳力可以普及。资本之功能以集中而增大，劳力之效用亦以普及而加强，有此种资本与劳力，以开发公有土地之富源，那愁实业不突飞猛进！”因此，李大钊大声疾呼中国要学习苏俄：“中国实业之振兴，必在社会主义之实行。”[①]李大钊的观点，正是中国工业双重使命的辩证统一。值得一提的是，李大钊在举例时，将铁路作为现代工业的代表，这既体现出铁路作为工业文化意象的重要性，又反映了中国早期马克思主义者对铁路的重视。这种重视，对于中国共产党领导下的工人运动，是有直接影响的。

在学习了马克思主义的基本学说之后，中国年轻的马克思主义者立即着手实践，一面组建政党，一面深入基层调研，组织与发动群众运动。1921 年 8 月 11 日，在中国共产党成立后不久，党的中央局就在上海成立了中国劳动组合书记部，张国焘担任书记部主任，这是党领导工人运动的第一个公开组织。为了扩大宣传和联络，中国劳动组合书记部于 8 月 20 日出版机关刊物《劳动周刊》。中国劳动组合书记部成立不久后，相继在各地建立分部。在北京建立北方分部，由罗章龙任主任，工作重点是发动和组织北方地区的铁路工人和开滦煤矿工人；在汉口建立武汉分部，由包惠僧、林育南先后任主任，工作重点是发动和组织湖北各地和京汉、粤汉铁路工人；在长沙建立湖南分部，由毛泽东任主任，工作重点是湖南各地以及江西安源路矿工人；在广州建立广东分部，谭平山、阮啸仙先后任主任，工作重点是发动和组织机器工人；此外，在济南建立了山东支部，后与北方分部合并。1922 年 8 月，中国劳动组合书记部总部从上海迁往北京后，在上海也建立了分部[②]。在党的领导下，中国的工人运动开始由自发斗争转向革命斗争，气象为之一新。例如，黄爱、庞人铨等人于 1920 年 11 月 21 日在长沙成立了湖南劳工会，初创时受无政府工团主义思想的影

---

① 中国李大钊研究会．李大钊全集：第 3 卷．北京：人民出版社，2013：353–354．

② 中共中央党史研究室．中国共产党历史：第 1 卷，1921—1949：上册．北京：中共党史出版社，2011：73．

响，1921 年 11 月 21 日，毛泽东给他们提出了 3 条建议：(1)“劳动组合的目的，不仅在团结劳动者以罢工的手段取得优益的工资和缩短工作时间，尤在养成阶级的自觉，以全阶级的大同团结，谋全阶级的根本利益。”(2)“组织上宜一依西洋工会组织，由代表会议产生相当名额之委员付与全权组织委员会执行会务。”(3)“工会是工人组织的，……第一步要办到凡入会的工人每人必出至低限度的月捐，少至一个铜元都可；第二步办到自己养活工会。”[①] 湖南劳工会接受了毛泽东的建议，当月下旬即进行改组。见微知著，湖南劳工会的例子展现了中国共产党是如何让中国的工人运动呈现出新面貌的。

党对工人运动的领导，首先是思想上的领导。先进的思想理论，是中国共产党改造中国工人自发斗争的前提。在思想上，强调工人斗争的政治性，是中国共产党为中国工人运动注入的新精神。马克思、恩格斯在《共产党宣言》中早就指出，“一切阶级斗争都是政治斗争”[②]。中国共产党在理论上深刻地领悟了这一点，在实践上也充分证明了这一点。1922 年担任中国劳动组合书记部主任的邓中夏，在 1924 年发表了《论劳动运动》，总结了几年来的斗争经验，指出两点：首先，中国的无产阶级斗争要追求国家独立的目标，“因为中国现在尚是半殖民地，只有解除内外压迫，实现一个自由独立的真民主国家，是中国革命唯一的出路”；其次，以前的工人运动主要着眼于组织工会和援助罢工，这是不够的，“经济的斗争如不先得到政治的自由，如集会，结社，言论，出版，罢工之绝对自由权等，何能顺利的达到目的。请看这几年内所有的工会解散与罢工失败，那次不是受了政治的压迫”[③]。因此，中国共产党将包括中车工人斗争在内的工人运动，引向了追求民族解放与国家独立的革命道路，使中国的产业工人真正担负起了其历史使命。

近代中国是一个经济上落后的农业国，工业规模有限，工人阶级队伍也不

---

① 中共中央文献研究室．毛泽东文集：第 1 卷．北京：人民出版社，1993：6.

② 马克思，恩格斯．马克思恩格斯选集：第 1 卷．3 版．北京：人民出版社，2012：409.

③ 邓中夏．邓中夏全集：上．北京：人民出版社，2014：425–426.

如发达国家那样壮大。因此，中国共产党要领导无产阶级革命，就必须对中国工人阶级的状况进行准确分析。在这种国情背景下，铁路工人在工人运动中发挥着重要作用，很早就进入了中国共产党领袖们的视野中。1924 年，邓中夏根据交通部 1919 年的统计数据，推算中国国有铁路工人共 70 811 人，而这一数据还系低估，如长辛店机厂在政府统计表中仅 745 人，而中国共产党知道实际人数在 3 000 人以上，江岸机厂统计人数 372 人，也与中国共产党所知的 2 000 人上下的数目相去甚远。此外，铁路附设工厂和修路采用包工制，这些包工不在路局注册之内，如加上他们，铁路工人规模还会更大[①]。毛泽东在 1925 年 12 月写就的《中国社会各阶级的分析》中，是这么分析中国无产阶级的："现代工业无产阶级约二百万人。中国因经济落后，故现代工业无产阶级人数不多。二百万左右的产业工人中，主要为铁路、矿山、海运、纺织、造船五种产业的工人，而其中很大一个数量是在外资产业的奴役下。工业无产阶级人数虽不多，却是中国新的生产力的代表者，是近代中国最进步的阶级，做了革命运动的领导力量。"[②]铁路工人在毛泽东眼中，就有如此重要之地位。而在中国共产党领导的工人运动中，中车早期重要的实体长辛店机厂，后来被誉为"北方的红星"，历史地位举足轻重。

 北方红星

马克思主义重视实践。毛泽东在 1937 年写就的《实践论》中指出："你要有知识，你就得参加变革现实的实践。你要知道梨子的滋味，你就得变革梨子，亲口吃一吃。"[③]年轻的中国马克思主义者们，在学习了新的理论后，立即去寻找工人阶级，进行变革世界的实践，在实践中再提升自己的理论认识。中车早期的实体长辛店机厂，成为中国马克思主义者在工人运动领域进行实践的

---

① 邓中夏．邓中夏全集：上．北京：人民出版社，2014：474．

② 毛泽东．毛泽东选集：第 1 卷．2 版．北京：人民出版社，1991：7–8．

③ 同②287．

大学校。

长辛店是北京城西南的千年古镇，离卢沟桥不远，距天安门不足20公里，清代设有驿站，是京城的重要门户。1897年，清政府动工修建从卢沟桥到汉口的大动脉卢汉铁路，以保定为界，南北两段分别兴工。1898年，卢沟桥至保定路段即卢保铁路先行完工。1897年，施工方为了在永定河上修架一座铁路桥，就在河畔设立了一个小型工程机械厂，被称为卢保铁路卢沟桥机厂。义和团运动期间，该厂在战火中被焚毁。1898年6月，当卢保铁路铺至长辛店时，担任卢汉铁路总工程师的英国人金达，提出了在长辛店建立制造厂的方案，其设计能力为：年产20吨、30吨货车400辆，客车30辆；修理大小机车40辆；具备制造铁路修理配件的能力[①]。从这个计划看，长辛店机厂是被设计成一个在当时的中国来说具有较大规模与较强能力的工厂的。值得一提的是，金达对于长辛店的建厂又发挥了重大作用。这也说明了，中车作为现代工业文化传入中国的产物，从一开始就具有接纳世界先进技术与文明的开放性。1899年，长辛店火车站先行建成，站台长1万6 000尺，进深2丈9尺。长辛店机厂选址在与长辛店古镇隔一座山坡的三合庄，占地400亩，由法国人图耶设计，1901年秋破土动工。机厂南门出车线在长辛店车站口处与铁路干线接轨，车站架设天桥一座，南北两端架设旱桥两座，形成桥洞，以这三座桥作为机厂往来古镇的通道。长辛店机厂的主要设备大都从法国采购，历时一年多运到工厂，加上被义和团烧毁后的卢沟桥机厂剩下的设备和材料，形成了长辛店机厂基本的生产能力，以前卢沟桥机厂的工人也都进了长辛店机厂工作。与浦镇机厂、四方机厂等机厂一样，长辛店机厂的管理层也都是外国人，主要是比利时人和法国人。工厂修建了一批欧式建筑，供法国人和比利时人居住，厂内宿舍没有中国人，把门的都是印度人。外籍高级职员的家里有花匠、洗衣匠、厨子、车夫、女佣、听差等，每家都有所谓“下人免票”，即厨子可以免费坐火车去北京城买

---

① 中车北京二七机车有限公司．大道无疆：纪念中车北京二七机车有限公司120华诞．北京：中国工人出版社，2017：11．

1901 年的京汉铁路长辛店机厂

菜等。厂里还专门雇了一个大夫，只为外国人看病[①]。毫不意外的是，长辛店机厂又是一个体现出中国工业半殖民地性质的外资掌控的铁路大厂。

长辛店机厂同样存在着落后的包工制度和腐败的工厂管理制度。1922 年的一篇报道揭露了包工制度的腐败。当时，一名叫龚连庆的铆工，本是大厂里的小工，后来通过活动关系，当上了火车房的工头，因为并没有做工头的资质，就把名字改成杨德胜。然而，这个小工一旦当上工头，就组织起一个“干会”，叫工人们拿钱出来给他，并扬言：“……如有不顺从我的意思的……我自然有方法对付大家……”大厂里有个工人的名牌是 49 号，他是工头李元溥的亲戚。某一天，该工人因事前往天津，没有请假，自行去了。按照规定，这种行为是应被罚的。不料李元溥为了照顾自己这个亲戚，暗中将 49 号名牌挂出和收入，伪造在厂工作的假象，使49号工人不仅没受罚，还得了当天的工钱[②]。这种腐败的管理，不仅使普通工人义愤填膺，也意味着企业难以健康发展。无怪乎工人们自己的报纸，还要提醒厂方：“愿有管理工厂之责者，也要注意一下才好。”[③]这

① 中车北京二七机车有限公司．大道无疆：纪念中车北京二七机车有限公司 120 华诞．北京：中国工人出版社，2017：12–13．

② 中华全国总工会中国工人运动史研究室．中国工运史料：第一至八期：上．北京：工人出版社，1984：579–580．

③ 同②580．

长辛店机厂内欧式建筑群

也再次说明，要在中国发展先进的工业文化，必先以革命的红色文化涤荡腐朽黑暗的半殖民地半封建社会。

1913年，北洋政府交通部工程师钱世禄曾参观长辛店机厂，写下一份相对详尽的报告，指出该厂在设备上有所欠缺，限制了生产能力：“修机厂之设备，木型工场专造一切铸模型，以供铸造时印沙窝之需。场中应置旋盘、带锯、丸砥等机，但此场中未见置有此机械，似属缺点……熔解炉每四日烧一次，每次可熔铣铁二十吨，此炉在工厂中普通设置两座交换使用，此处仅置一座。若遇有障碍需修理之际，必致耽误工作殊属不便。”[①]但总的来说，该厂在当时的中国已经属于非常先进的工厂。正因为如此，该厂是年轻的中国马克思主义者认识现代大工业和产业工人的极好的样本。而由于长辛店机厂离北京城不远，北京又是中国马克思主义传播的早期中心之一，该厂也极适合马克思主义者从事工人运动。长辛店机厂在工业上的先进性和地理上的便利性，使它成为中国共产党领导工人斗争的重镇，并被打造成为一个可供学习的示范样板，为此后中车系统各机厂乃至整个铁路系统的工人运动传授经验。1921年6月26日，时为北京共产党早期组

① 中车北京二七机车有限公司．大道无疆：纪念中车北京二七机车有限公司120华诞．北京：中国工人出版社，2017：23．

织书记的邓中夏，在给中共一大的报告中就分析道："北京工业还不发达，没有可以把工人联合起来的大工厂。在这种情况下，我们决定把工作转到铁路员工方面来。可是我们都是知识分子出身，与工人阶级的距离很大，因此，首先应当同他们加强内部联系。为此，我们决定在长辛店创办劳动补习学校，训练两千名铁路工人。"[①]这里要指出的是，由于长辛店机厂和中车其他早期实体都是附属于铁路的工厂，因此，中车工人在近代也是被归属于铁路工人群体的。1925 年，邓中夏在《工会论》中将工会组织的方式分为产业组织和职业组织两种类型，他特意拿铁路举例来说明什么是产业组织："譬如一条铁路，不论车务、机务、工务，……等等都在同一产业之下的，所有一切工人，不论司机升火的也好，不论卖票打旗的也好，都加入铁路工会，这就是产业组织。"职业组织则是："如铁路有木匠，自来水厂也有木匠，轮船也有木匠，这些木匠职业相同，统统联合起来，组织一个工会，便是职业组织。"[②]中国共产党更重视产业组织，因为"产业组织可以使战斗力增加"，还"可以免除工人中间发生等级的界限"[③]。因此，中国共产党所重视的铁路工人，涵盖了中车工人。而中车工人在铁路工人中，又往往充当了运动的主体，这是因为，在漫长而充满流动性的铁路线上，铁路机车车辆厂的工人们在较长时间内最能集中在一起，适合进行组织与动员。

在劳动补习学校开办前，毛泽东曾两度到长辛店机厂，为马克思主义和革命思想在中车工人中的传播进行了铺垫。1918 年 9 月初，李石曾和蔡元培在长辛店创立"留法高等法文专修馆工业科长辛店班"，简称留法预备班，学员有吴玉章、何长工等百余人。这个班设在长辛店机厂，学员半工半读，半天到工厂劳动，半天学法文。这个班在开班初期遇到一些困难，班里有新民学会的成员，就给毛泽东写信，请毛泽东到北京来解决问题。和毛泽东一起来的有李维汉、萧子升、萧子暲等人。1918 年 11 月，毛泽东来了以后，先到工厂调

① 邓中夏．邓中夏全集：上．北京：人民出版社，2014：124．

② 邓中夏．邓中夏全集：中．北京：人民出版社，2014：819．

③ 同②820．

留法预备班旧址

研，和厂方商量能否增加预备班的学员，然后询问学员的困难，很快解决了问题。预备班的学员在毛泽东的指示下，在长辛店帮助工人办夜校。当时有些进步工人已经在长辛店大街娘娘宫里办了个夜校，预备班学员就轮流去讲课，每周二三次，除了教工人识字、算术和常识之外，也讲爱国救国的思想。1919年春，毛泽东第二次来到长辛店，和前一次一样，先到长辛店机厂和工人攀谈，然后到学员宿舍，和学员们纵谈天下大事。毛泽东又深入工人中，并向预备班学员和工人讲述了他在长沙创办工人夜校的经过，嘱咐学员无论如何要帮助工人建立夜校，提高工人的觉悟。1919 年 7 月 14 日到 8 月 11 日，毛泽东在长沙创办《湘江评论》周刊，刊物出版后，就把刊物直接寄给留法预备班的学员，让他们及时传送到长辛店机厂的工人之中。有的工人对《湘江评论》如获至宝，长期保存。老工人王士伦一直留着刊物，直到抗战爆发后才被迫烧掉[①]。在《湘江评论》中，就有毛泽东撰写的《民众的大联合》一文，介绍马克思主

---

① 中车北京二七机车有限公司．大道无疆：纪念中车北京二七机车有限公司 120 华诞．北京：中国工人出版社，2017：47–49．

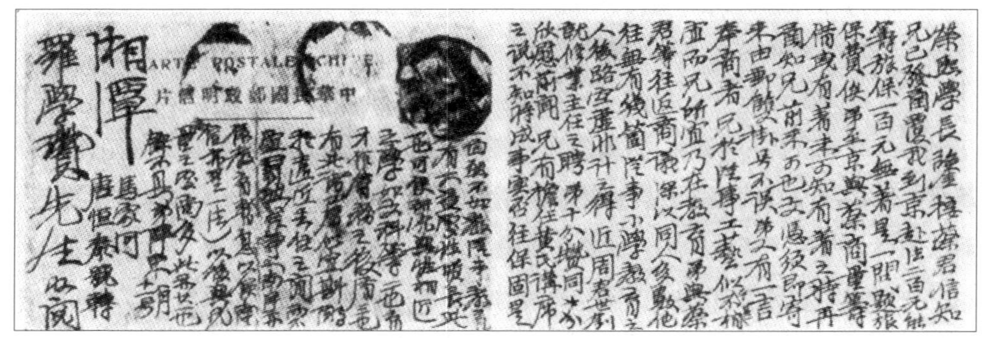

毛泽东 1918 年 8 月为筹措留法勤工俭学经费写给罗学瓒的明信片

义，呼吁民众大联合。值得一提的是，在这篇文章中，毛泽东提到了中国人自己管理的工业企业发展不如外资管理的企业，还特别以铁路为例：“凡是被外人管理的铁路，清洁，设备，用人，都要好些。铁路一被交通部管理，便要糟糕，坐京汉，津浦，武长，过身的人，没有不嗤着鼻子咬着牙齿的！”这表明毛泽东对于工业文化的先进性与落后性，有着非常客观的判断。但是，他并不因此丧失自信，他指出：“……不是我们根本的没能力。我们没能力，有其原因，就是‘我们没练习’。”[①]要“练习”，民众就要联合起来，组织起来，自己当家作主，获得去创造新世界的机会。可以想见，这样的文章，将信心、勇气与争取美好未来的希望，注入长辛店机厂工人的心中。中车的红色基因，就是这样开始形成的。

1919 年底到 1920 年初，在李大钊的号召下，北京大学的进步青年开始接触工人，长辛店机厂成为重要站点。1920 年春，参加过五四运动的北大学生邓中夏带着北京大学平民教育讲演团来到长辛店，对群众进行宣传教育。不过，这种讲演，有时成功，有时不太成功。邓中夏在 4 月 13 日的《北京大学日刊》上就报告了当天的讲演情况，称成绩不如 4 月 2 日和 6 日的讲演，主要原因是：“今日是星期，长辛店方面，工场的工人休息，都往北京游逛去了；市面上的善男信女又都到福音堂做礼拜去了，剩下可以听讲的就可想而知。”在这

① 中共中央文献研究室，等．毛泽东早期文稿（1912.6—1920.11）．长沙：湖南人民出版社，1990：393．

工人夜班通俗学校旧址

种情况下，讲演效果不佳，尽管学生们“扯着旗帜，开着留声机，加劲的讲演起来”，但也只有几个小孩和妇女来听，而且听一会“觉没有趣味，也就渐渐引去”。不得已，学生们只好坐火车返回北京。不过，对他们来说，这样的社会实践还是有锻炼性的，那就是他们在火车上卖《新生活》，克服了害羞心理：“我们的讲演录因无钱没有印出，所以暂把《新生活》代之。……起初还羞羞答答说不出话来，到后来就‘买《新生活》吧！两个子。很有趣味的东西，买吧！’也不觉害羞了。”[①]学生们并不气馁，坚持不懈。1920年10月16日，邓中夏在《北京大学日刊》上刊登了再次征求讲演团团员的启事，其中提道：“……长辛店各工厂也深望我们去讲演（火车费由本团担任，该处各工厂亦有招待）。同学诸君呀！你们不知道文化运动是要紧的吗？平民教育是辅助文化运动的吗？”[②]从这则启事里也可以看到长辛店机厂工人对学生讲演团的欢迎。实际上，五四运动时，长辛店的铁路工人就在娘娘宫北殿办了民众识字班，后

---

① 邓中夏．邓中夏全集：上．北京：人民出版社，2014：72–73．

② 同①76．

史文彬

来，工人史文彬、陈励懋、陶善琮等，用捐款的办法，在长辛店大街北墙缝胡同路北第三院，办了一所夜班通俗学校，义务教工人们识字和算术，后来因捐款有限而房租太贵，就借用娘娘宫北殿“工界国民学校”的校舍。北大学生的讲演团也借这个地方给工人讲演，夜校名称亦一度改称“平民学校”，学员达80多名[①]。由此可见，经过五四运动洗礼的长辛店工人提升了觉悟，对文化知识与新思想的追求具有主动性，具备了与进步知识青年结合的基础。

史文彬，字志卿，曾用名石志清，1887年出生于山东青城县史家庄一个贫苦农民家庭。1901年，史文彬进入教会办的济南公益学校半工半读，毕业后，于1907年考入济南机厂做工。在厂里，史文彬备受厂主和工头欺凌，他联合工友们进行斗争，厂主准备让警察局抓捕他，他遂在工友的帮助下逃离了济南。1912年，史文彬只身一人来到长辛店，经人介绍考入长辛店机厂，成为一名白铁工。由于他为人刚正不阿，乐于助人，在工人中威望很高。毛泽东到长辛店时，便与史文彬等工人接触攀谈，启发他们团结起来斗争。史文彬也积极参加留法预备班给工人开设的时事课程。五四运动爆发时，长辛店组建各种爱国团体，史文彬被选为各界联合会工界代表。正是在这种形势下，史文彬等人开办了夜班通俗学校，他在里面负责教语文[②]。像史文彬这样有一定文化基

① 中车北京二七机车有限公司．大道无疆：纪念中车北京二七机车有限公司120华诞．北京：中国工人出版社，2017：52．

② 同①73–74．

础，有斗争精神，又有一定思想觉悟的中车工人，通常就成为中国共产党在中车组织工人运动时被挑选的工人骨干。这些工人骨干是中车红色基因形成的重要基础。

1920 年 10 月，北京的共产党早期组织在北京大学图书馆李大钊的办公室正式成立，当时取名为“共产党小组”，党组织最初的成员为李大钊、张申府、张国焘三人。李大钊正式派邓中夏、张国焘到长辛店开展工人运动，他们几次同工人骨干商量办法，决定在原来工人夜校的基础上，筹办一所劳动补习学校。北京大学师生捐了 100 多块钱作为开办费，李大钊也从自己的工资中捐出 80 元资助开办。1920 年 12 月 19 日，邓中夏、张国焘、张太雷、杨人杞来到长辛店，借参加宴会之名来开劳动补习学校筹备会。当时，工头邓长荣捐款办了“国民学校”，长辛店各界为表彰其成绩，张罗给学校挂匾，听说匾上“乐育英才”四个字是张国焘请陈独秀给写的，邓长荣为表感谢，便备办了丰盛的酒宴[①]。邓中夏在《长辛店旅行一日记》中记述了这次行程。从他的记述可知，当时从北京城去长辛店可以从前门西车站坐火车，大约 1 个小时就能到。吃完邓长荣摆的酒宴后，邓中夏等人就开劳动补习学校的筹办会议。会议结束后，几名工人带邓中夏等人去参观各处工厂，因为是星期天，所以工人多数停工休息，只有少数工人因“生计困难或不明白休息的意义”而仍然在工作。邓中夏介绍了工人的待遇情形：“按工人每日冬天约作工十时，夏天约十一二时，工钱每天因工程或个人而不同，约自三毛至一元不等。晚工往前作一小时加一刻都计算，但现在却一小时了（闻唐山南厂的工人，因这个情形，已于十六号罢工了）。工人的生活费约每月三四元至十五六元（指有家庭者）不等。”[②] 从记述可知，当时的铁路机厂工人夜班待遇是降低的，这引发了唐山南厂工人的罢工。唐山南厂即中车的唐山厂。邓中夏接着记述在工厂所见：“我们到一处，

---

① 中车北京二七机车有限公司．大道无疆：纪念中车北京二七机车有限公司 120 华诞．北京：中国工人出版社，2017：52–53．

② 邓中夏．邓中夏全集：上．北京：人民出版社，2014：82．

邓中夏

贮有许多砖头放在地面，我问他是预备建筑的吆？他笑笑地答我说：‘这些砖已买来了六年的工夫，说是为我们工人起医院的，你看那座小房子不是盖好了吗？但是其余的房子，不知他们六年了也没盖呢，’我笑说，那不是很方便你们害病吗？他说，‘你那里知道个中的黑暗？好在我们不害病，倘真个害病，他们也不医，不说是没有病，就说没有药，除非有脸子才得到一点药呢！’”工人缺乏基本医疗保障的悲惨境遇，以及工厂管理的低效，令邓中夏十分气愤地写道：“我听了很气，敬告铁路总办，千万要关心下工人的幸福才好，不要开了一笔大公款，难为了贫苦的工人。”[①]不过，邓中夏对工人运动充满信心，他写道：“长辛店的工人智识很高，团结力很大，他们已组织成有很强固的团体，他们出版了一个周刊叫做‘劳动音’，每期销售二千多本。”他还谦虚地表示要向工人学习：“我可惜对于机器学没有研究，所以参观了工厂，也没有什么心得能写出来，光记得一个是专修整气锅的，一个专修理机关的，一个制铁条的，入了总发动机，只见无数皮带和电线而已。各位工人向我指点说明，我真感谢他们增长了我许多智识。”[②]下午5点50分，邓中夏他们便坐火车回北京城了。

这里要说明的是，《劳动音》实际上是北京共产党早期组织创办的周刊，创刊于1920年11月7日即俄国十月革命纪念日，主要编辑人之一正是邓中

① 邓中夏．邓中夏全集：上．北京：人民出版社，2014：82．

② 同①83．

邓中夏为工人讲学（绘画）

夏，刊物在北京大学出版[①]。在创刊号上，邓中夏撰写了《我们为什么出版这个〈劳动音〉呢？》，热情讴歌了劳动："我们相信'劳动'是人类生存在世界上第一个要件。因为人类是进化的，一天比一天不同，天天变动，天天进步，由旧的变为新的，由不完善的进为完善的，所以能达到这新的完善的，就是由人类'劳动'的结果，那末，我们就明白，劳动就是进化的原动力，劳动就是世界文明的根源，劳动就是增进人生的幸福，故我们出版这个《劳动音》，来提倡那神圣的'劳动主义'，以促世界文明的进步，增进人生的幸福。"[②]出版《劳动音》，主要的目的就是："来介绍世界的智识，普通的学术及专门的技能，又纪述世界劳动者的运动状况，以促进国内劳动同胞的团结，及与世界劳动者携手，共同去干社会改造的事情。"[③]这样一种刊物在长辛店工人中能传播 2 000 多份，其对于工人思想觉悟的提升必是巨大的。

劳动补习学校筹办时计划分日夜两班，夜班为工人而设，日班则为工人子弟而设，每班暂定 80 人，分组上课。课程方面，夜班注重国文、法文、科学

① 中华全国总工会中国工人运动史研究室．中国工运史料：第一至八期：上．北京：工人出版社，1984：278．

② 邓中夏．邓中夏全集：上．北京：人民出版社，2014：77．

③ 同②78．

常识、社会常识、工场和铁路知识，日班则与普通（国民）高小课程略同。学校简章规定，“凡本校学生概不收学费，并酌量津贴书籍用具等物”[①]。该校原定于 1921 年 1 月 1 日开学，由于不收学费，工人子弟报名人数超过了预定的名额很多，不得不推迟原定开学日期，直到 11 日才在祠堂口 1 号院开学。该校教员系专职与兼职结合，专职教员即常驻教员，先后有李实、张纯、贾祝年、吴容沧、吴汝铭、卜世润，兼职教员则有很多，有王铮、王光祈、何孟雄、杨人杞等，他们有的一周来一次，有的来两次。1920 年底，北京的党组织成立了共产党北京支部，由李大钊任书记，张国焘负责组织工作，罗章龙负责宣传工作，到 1921 年 7 月，党组织成员中有李大钊、张国焘、邓中夏、罗章龙、刘仁静、高君宇、何孟雄、张太雷等人。北京支部成立后，李大钊和支部其他一些成员也来劳动补习学校讲课或视察。邓中夏是劳动补习学校的主要负责人，也亲自为工人讲课，他是湖南人，口音很重，为了更好地融入工人，就学普通话与工人们交流。其实，邓中夏原本叫“邓仲澥”，为了方便工人们好认好写，才改名为“邓中夏”。由于他嗓门大、讲话直，工人们都管他叫“邓大炮”。据长辛店机厂在补习班学习过的老工人杭宝华回忆，补习班是这样教学的：“在补习学校上课时我们就问教员：‘我们工人伟大，为什么还受穷？’有的工人说：‘命苦呗。’教员说：‘不是命苦，是因为有阶级、有剥削，工人盖了楼房别人住，织了绸缎别人穿，资产阶级的钱，都是从我们劳动人民身上刮去的，他们为什么能剥削呢？主要是他们有政权，要想不受压迫、不受剥削，就得团结起来，组织起来进行革命。’”他还回忆，各位教员都在“团结起来有力量”方面下了很大功夫，用通俗易懂的方法，讲了很多生动的例子：“有的教员拿一张白纸，两手撑着叫工人用手指去戳，一戳就破了；又拿三张纸还叫工人用手指戳，又破了；又拿一大沓子纸再叫工人戳，把手指都戳痛了，可纸一张也没有破。说道：‘这就是团结的力量，组织的力量。我们工人也一样，五

① 邓中夏．邓中夏全集：上．北京：人民出版社，2014：84．

长辛店劳动补习学校旧址

人团结赛老虎，十人团结如条龙，百人团结像泰山，谁也搬不动，枪炮也没办法。’”[①]就这样，劳动补习学校成为在长辛店机厂乃至整个长辛店地区播种红色文化的基地。学校后来还办了图书室，订了很多进步报刊，供工人阅读。

1921 年，在中国共产党成立前夕，邓中夏自己总结了劳动补习学校的开办经验：“这所学校看来是我们接近工人的一个途径，我们和工人之间逐渐产生了亲密友好的感情；我们不止一次地向工人提出鼓舞他们的重要建议，结果，我们看到，认为必须提出各种阶级要求，象增加工资、缩短工时、成立工会等思想，在工人中间不断增长起来。”[②]谈到学校的教学内容，邓中夏写道：“我们教工人什么呢？我们经常不断地向他们说，他们遭受他们的厂主资本家的掠夺，不得不过着牛马般的生活；其次，向他们介绍外国工人运动史。我们不断地向他们指出组织起来的意义和方法，时常给他们讲课，教他们识字，同时，还教他们习惯于用文字来表述自己的思想，让他们写出关于家庭生活和日常生

① 中车北京二七机车有限公司．大道无疆：纪念中车北京二七机车有限公司 120 华诞．北京：中国工人出版社，2017：53–54．

② 邓中夏．邓中夏全集：上．北京：人民出版社，2014：124．

活情况以及工厂里发生的一切不公平事件的书面报告。起初，他们感到有些为难，但后来从他们中间培养出了一些优秀的鼓动员。”[①]劳动补习学校，是中国共产党联络工人、教育工人、组织工人与动员工人的大学校。红色基因，作为一种精神，一种文化，最初就是这样被中国共产党注入中车，从而形成中车红色文化坚固的内核。

这一时期，北洋政府存在着一个政治派别，被称为交通系，以国务总理梁士诒、交通总长叶恭绰为首，铁路系统在他们把持之下。他们见工人组织一天天扩大，感到了威胁，就暗地里指使一些工头职员，在离劳动补习学校不远的南边路东，也开了一所职工学校。为了挖劳动补习学校的墙角，这个职工学校不仅硬件设施好，免费给工人发书本文具，还对成绩好的工人搞了很多奖励，如优秀奖给一块怀表，中等的给一件大褂，次的还给一个铜墨盒等。一开始，有五六百工人去新学校学习。劳动补习学校见状，就派史文彬、陈励懋、王俊等工人骨干，也去那个学校上学，借机向在那里上学的工人做工作，说北边的学校好，老师和气，尽说我们工人心里话，让我们联合起来，以后还要帮助我们涨工钱呢。通过这样做工作，劳动补习学校一下子就拉过来一半人，又经过一段时间，交通系的职工学校就办垮了[②]。创办劳动补习学校是中国共产党开展工人运动的重要尝试，它与长辛店机厂关系密切。正是从此时开始，中车与中国共产党建立起密切关系，中车的红色基因也由此形成。像中车这样与中国共产党具有如此深厚历史渊源的中国企业，无论在百年老企业中，还是在当代的各级国企中，都是不多见的。中车给了初生的中国共产党以实践锻炼的舞台，中国共产党也给中车注入了新的文化，带来了新的历史使命。

1920年，长辛店的救国十人团受邓中夏等人影响，在史文彬的策划下，举行了长辛店的第一次纪念“五一”节活动。在节日前夕，工人中的先进分子

① 邓中夏．邓中夏全集：上．北京：人民出版社，2014：125–126．

② 中车北京二七机车有限公司．大道无疆：纪念中车北京二七机车有限公司120华诞．北京：中国工人出版社，2017：55．

不仅向工友们宣传了“五一”节的意义，还在4月30日晚上，在娘娘宫开了一个有30多个人参加的小型纪念会。会上，车务见习所的学生介绍了“五一”节的历史，史文彬等工人进行了发言。会后，十几个骨干分子留下书写纪念“五一”的标语，第二天，大家又来到会场，把标语贴到大街、车站、车厢上去，让更多的人知道“五一”节的意义。不过，到了次年，长辛店的铁路工人才第一次正式纪念“五一”国际劳动节。在1921年，由于有了劳动补习学校的教育与宣传，长辛店铁路工人有了纪念“五一”节的思想基础，邓中夏等人认为时机已经成熟，就在“五一”节到来之前，印刷了大量《五月一日》《工人的胜利》之类的小册子，宣传“五一”节。在史文彬等工人骨干的努力下，工友们纷纷表示要参加纪念活动，庆祝自己的节日。劳动补习学校也忙碌于准备纪念活动，北京大学的学生还过来帮忙。劳动补习学校在校学习的工友们在教员的帮助下，练习自编的《五一纪念歌》，还赶排了两出由北大学生编的戏。纪念活动选在了娘娘宫。“五一”节的早上，娘娘宫聚集了上千名群众，共产党北京支部和北京大学的代表，市内工厂、天津、保定的工人代表，以及记者代表，都到了会场。大会开始后，劳动补习学校的学员上台唱起了《五一纪念歌》。然后，史文彬等各界工人代表和劳动补习学校的代表20多人上台发言，受到台下工人热烈欢迎。随即，大会通过了成立工会、邀请工友参加工会和举行示威游行3项决议。上千工人群众手拿写满大会主题标语的小纸旗，在劳动补习学校学生的带领下，排着长队涌向长辛店大街，从大街到后街再到大街，游行了一圈后，又回到娘娘宫，连呼三声“劳工万岁”，才慢慢散去。这天晚上，娘娘宫内张灯结彩，工人们自己演出了话剧和相声，家属们和小孩子都来看，热闹无比[①]。在当天的游行中，长辛店工人唱着这样的歌：

如今世界太不平，
重重压迫我劳工。

---

① 中车北京二七机车有限公司．大道无疆：纪念中车北京二七机车有限公司120华诞．北京：中国工人出版社，2017：57–58．

一生一世做牛马，
思想起来好苦情。
北方吹来十月的风，
惊醒了我们苦弟兄。
无产阶级快起来，
拿起铁锤去进攻。
红旗一举千里明，
铁锤一举山河动。
只要我们团结紧哪，
冲破乌云满天红。①

庆祝“五一”国际劳动节，使长辛店铁路工人加深了彼此的感情，也增强了阶级自豪感。庆祝大会上提出的决议，则意味着长辛店铁路工人运动进入新的阶段，他们要在中国共产党的领导下展开直接的政治行动了。

组建产业工人的现代工会，是中国共产党的重要目标，也是创办劳动补习学校的意义之一。邓中夏总结长辛店劳动补习学校的经验时，明确指出，这种针对特定产业工人的“专门学校”，是“建立产业工会的必要准备阶段”。他同时指出：“同志们，不应当只限于成立工会，工会成立以后，首先应当引导它与企业主交锋。只有这样，工人才会对自己的工会感兴趣，才相信工会的力量。”②因此，组建工会，也就意味着罢工斗争要提上议程，而这又是进一步从事政治斗争的基础。

在五四运动期间，长辛店成立过各界的救国十人团，而工人所在的“工界”是以“工会”的名义参加各界联合会的。因此，1921 年长辛店铁路工人纪念“五一”节时提出的口号是“恢复工会”。这样做，可谓名正言顺，还省去

① 中华全国总工会中国工人运动史研究室．中国工运史料：第一至八期：下．北京：工人出版社，1984：20．

② 邓中夏．邓中夏全集：上．北京：人民出版社，2014：125–126．

了到政府备案的麻烦。当年 5 月 5 日，工会正式成立，命名为“京汉铁路长辛店铁路工人会”。在筹建工会过程中，进步工人们拉拢了工头邓长荣等人，作为一种策略。邓长荣当选为工会会长。到 7 月时，工会会员已达到 300 多名。1921 年 7 月中旬，在北京党支部的领导下，工会为了提高工人的薪酬和改善劳动待遇，向长辛店机厂厂方提出书面要求：“凡满二年的工人，一律加薪。”厂方怕工人罢工，便答应了。7 月 27 日，工会又领导修车厂 400 多名工人罢工，反对总管谈继先克扣工人工资、侵吞工人奖金以及违背短牌工（临时工）改长牌工（正式工）等诺言。结果，罢工仅 2 个小时，谈继先就当面答应了工人们提出的全部条件[①]。对于长辛店机厂修车厂工人的斗争，当时上海的《民国日报》曾进行报道：“京汉路长辛店，修车厂工人，罢工一节，当承做车辆时，谈某与工人约，所得利益，如早日出卖之奖金，与所省之材料，一概均分。事后谈食言，将所有奖金，囊括为己有。又曾允车辆做完后，短牌工人，一概改长牌……事后谈某均负前言，又兼克扣工资，遂有罢工之举发生。维时谈某恐惶异常，但以祸由己身，责无旁贷，万一风潮扩大，饭碗有虞。故冀即时解决，遂战战兢兢，勉强亲出交涉，托辞权在总局，只能将工人条件转呈核办。工人不允，势极决绝，谈某怏怏而返……时已历时三句钟许，谈某益焦急，不得已复亲出，对大众面允各条件。”[②]报道简洁而生动地描述了罢工经过，描绘了谈继先试图以向总局呈报工人要求来敷衍工人的用心，以及工人态度坚定地罢工而使斗争迅速取得胜利的场景。罢工斗争的胜利，提升了工会在工人中的威信。

不过，由工头当会长的工会毕竟不是工人自己的工会，也只是一时的权宜之计。随着时间推移，工头和工人之间的矛盾开始激化。1921 年《劳动周刊》

---

① 中车北京二七机车有限公司．大道无疆：纪念中车北京二七机车有限公司 120 华诞．北京：中国工人出版社，2017：60–61．

② 中华全国总工会中国工人运动史研究室．中国工运史料：第一至八期：上．北京：工人出版社，1984：102–103．

京汉铁路长辛店工人俱乐部旧址

的一篇报道反映了长辛店机厂工人对工头尤其是邓长荣的不满："据最近的调查，工头中最坏的是邓长荣……他时常拿厂里的东西卖给别人；所瞒的只是总管（厂长）一人。因为旁的工人都在他的势力范围之内，只是敢怒而不敢言，存于心而不敢形于色！就是总管（厂长）知道，也就被他拍马的手段润色过去了！……现在他越加放欲纵肆，居然受总管（厂长）的指使，来骗惑工人！那总管（厂长）又被几个官僚的小牙利用，要想组织一个'政治运动的工会'。骗工人说有几千几百的资本，要想办一个银行，还要叫工人拿出钱来，作为股本。叫工人安分守己，不要反抗总管（厂长）……"[①]在这种形势下，工人是无法与工头共处一个工会的。因此，1921 年 10 月 20 日，为整顿工会组织，长辛店机厂的工人和相关铁路工人的 50 余名代表，召开联席会议，决定根据工人会员的意见，把工头、司事、巡警等从工会里清除出去。会议还决定把"长辛店铁路工人会"改名为"京汉铁路长辛店工人俱乐部"。工人们认为，之前的"工会"是与工头共同发起的，现在成立工人自己的独立组织，就不要那个名称了，要用新的名称来区别。而"工人俱乐部"这一名称，遂"相习成风"，成为当时全国各地（广州除外）工会通用的名称[②]。这次会后，长辛店的工人们

① 中华全国总工会中国工人运动史研究室．中国工运史料：第一至八期：上．北京：工人出版社，1984：492–493．

② 邓中夏．邓中夏全集：下．北京：人民出版社，2014：1359．

京汉铁路长辛店
工人俱乐部徽章

修改了工会的章程，重新选举了俱乐部的委员，史文彬当选为委员长，委员会由正副委员长、正副总干事、秘书、宣传委员、交际委员共 9 人组成。会议还决定，把俱乐部的办公地点，从祠堂口 1 号搬到长辛店大街 174 号（刘铁铺）[①]。这样一来，长辛店机厂就有了真正属于工人自己的工会了。清除了工头后，不到 3 个月的时间里，俱乐部的工人会员就增加到 1 800 多人。

1922 年 4 月 9 日，工人俱乐部成立大会在长辛店召开，京汉铁路各站和其他各铁路都派代表参加了会议。当天到会的俱乐部会员有 1 500 多人，开会时全体会员向国旗行鞠躬礼，三呼“劳工万岁”。一些工人代表进行了演讲，表示“俱乐部成立之后，必须和衷共济，以图发展，使全国一致”[②]。在这次会议上，工人们决定发起组织京汉铁路总工会，并随即在刘铁铺召开了第一次筹备会。长辛店工人俱乐部的成立，标志着中国共产党领导下的长辛店机厂工人运动以及整个京汉铁路工人运动，进入了新的阶段。邓中夏在《中国职工运动简史 1919—1926》中如此描写长辛店工人俱乐部的影响：“长辛店工人俱乐部成立以后，影响所及，自北而南，蔓延到各站，有好几处也成立了工人俱乐部，特别是南段总站江岸的工人俱乐部组织最强。”“此时，共产党北京党部出了一

① 中车北京二七机车有限公司．大道无疆：纪念中车北京二七机车有限公司 120 华诞．北京：中国工人出版社，2017：61．

② 邓中夏．邓中夏全集：上．北京：人民出版社，2014：169．

个《工人周刊》，主编者为罗章龙，介绍国内外劳动消息，并极力鼓吹组织工会。长辛店工人俱乐部一切活动，当然在此刊物上尽量宣布，这样一来，使得北方各铁路工人知道长辛店有个俱乐部，大家不觉油然而生羡慕之心；当时工人们仿佛觉得长辛店是工人的‘天国’，于是各处纷纷派代表前来长辛店参观。这当然不用说给了我们更好的机会，乘时宣传，各地代表归去后也模仿长辛店组织起俱乐部了。因此，北方各铁路开始都有了工会组织的萌芽。”[①]因此，长辛店工人俱乐部就是中国共产党早期领导工人运动打造的一个模板，起着重要的示范与动员作用。邓中夏将长辛店和上海纱厂集中的小沙渡称为“中国共产党最初做职工运动的起点”，但亦指出小沙渡“其影响当然不及长辛店”[②]。中车的红色基因，从一开始，就充满战斗力与辐射力。

1909年，为了建设津浦铁路，德国人在天津海河沿岸的陈塘庄修建了装车厂，同时兴建津浦铁路西沽机厂。1911年，两厂合并，统称津浦路西沽机厂，聘用德国人巴维尔当厂长。第一次世界大战爆发后，德国人撤离工厂，管理权移交中国政府，厂名改为津浦铁路管理局天津机厂。1920年，该厂的生产能力为全年修理各种机车12台、客车965辆、货车390辆[③]。与长辛店机厂相比，天津机厂规模较小，职工一般在200人左右。由于离北京近，该厂也较早受到中国共产党的关注。1921年初，李大钊派北京大学进步学生陈维仁、张昆弟等到天津机厂宣传马列主义，并介绍长辛店劳动补习学校活动情况，启发天津机厂的工人组织起来。同年9月11日，该厂工人参加了天津工人工余补习学校的学习[④]。长辛店的经验在启发天津机厂工人政治觉悟的过程中发挥了重要的作用。南口的地理距离也在北京的辐射之内。1921年6月，邓中夏和何孟雄成功组织领导了京绥路工人罢工，对南口机厂工人影响很大。12月25日，南口

① 邓中夏．邓中夏全集：下．北京：人民出版社，2014：1359．

② 同①1359–1360．

③ 该书编委会．百年风云录：纪念天津机辆轨道交通装备有限责任公司100年华诞．2009：3–4．

④ 同③15．

机车处的工人邀请何孟雄到南口机务工人团体“精业研究所”演讲，演讲结束后会见了一些工人，其中就有南口机厂的工人李某。李某对何孟雄说，“现在于机厂方面，眼见机车处的团体组织颇有成效，他们也想同样的组织一个团体与研究所合并”，虽然因为一些意外中止了，“不过其中的工人的有觉悟者，还是暗中进行，力谋振作。想这个团体，不久也可以出现了”。这些话，被何孟雄记录下来，写在了次年发表于《工人周刊》的文章中。何孟雄呼吁南口机厂的工人“赶快拿出良心热血来组织团体”[①]。南口机厂的工人响应了何孟雄的号召，为了组织工人团体，特意派人去长辛店工人俱乐部学习，回来后即着手组织南口京绥路临时工人俱乐部[②]。由此可见，长辛店经验也影响了南口机厂红色基因的形成。正太铁路石家庄总机厂是又一个位于北方的中车早期实体。该厂于 1905 年由法国人开始建设，边建设边生产，到 1919 年全年修理机车 33 台、客车 189 辆、货车 1 790 辆，共有工人 450 人、杂役 142 人。石家庄总机厂最初的技术工人有 100 多人，不少人在唐山厂或长辛店机厂干过。该厂的工人骨干孙云鹏、王凤书就曾在长辛店工作过。1921 年，北京的党组织成员罗章龙通过京汉铁路正定分工会被介绍到石家庄总机厂，与孙云鹏等建立了联系。当年冬天，孙云鹏先后 4 次去北京找劳动组合书记部，要求派人到石家庄领导工人运动。孙云鹏还在北京大学西斋由罗章龙介绍加入了中国共产党，成为石家庄地区第一名共产党员。1922 年 4 月，孙云鹏到长辛店参加了长辛店工人俱乐部成立大会[③]。石家庄总机厂红色基因的形成，也与长辛店机厂有着深厚渊源。因此，长辛店机厂是当之无愧的“北方的红星”。

长辛店机厂的工人在中国共产党历史上也具有举足轻重的地位。中国共产

---

① 中华全国总工会中国工人运动史研究室．中国工运史料：第一至八期：上．北京：工人出版社，1984：558．

② 铁道部南口机车车辆机械工厂．铁道部南口机车车辆机械工厂厂史（初稿）（内部发行）．1984：33．

③ 中国南车集团石家庄车辆厂志编审委员会．历史铭记着：中国南车集团石家庄车辆厂大事记（1905—2001）（内部发行）．2002：1–5．

邓 培

党成立后，邓中夏亲自介绍史文彬入党。1921 年 10 月，长辛店成立了共产党早期组织，1922 年 8 月成立了党支部，史文彬任第一任党支部书记。史文彬是中国铁路工业系统第一名共产党员，长辛店机厂的党小组是中国铁路工业最早建立的共产党组织[①]。

回溯历史进行分析，确实可以发现，自从中国共产党打造了长辛店这一工人运动的样板后，中车各厂以及铁路系统的工人运动，就呈现出一种相近的模式：先由中共党员进入工厂摸底与挑选工人骨干，然后组织工人进行学习，再成立俱乐部即工会，最后以俱乐部为依托，组织工人起来斗争。虽然各地情况有区别，但大体的步骤如此。这充分说明中国共产党在长辛店机厂打造的红色基因是可复制的，而它也确实被复制到中车的各主要实体，使中车作为一个整体形成了血脉相通的红色基因。

 起点新路

唐山厂既是中国中车的起点，也是中国轨道交通装备制造业的起点。在中国共产党开辟的红色新纪元里，这家老厂也踏上了新的道路，形成了红色基因。

中车唐山厂红色基因的形成，离不开骨干工人邓培。邓培原名邓配安，字

① 《中国中车志》编委会．中国中车志（1881—2015）．北京：中国铁道出版社，2017：48–49．

少山，曾化名唐凤鸣，1883年出生于广东省三水县石湖洲邓关村一个贫寒农家。邓培2岁丧父，7岁入私塾读书，因贫寒而辍学，14岁时随舅父到天津谋生，在德泰机器厂当学徒。1901年初，邓培考入唐山厂，当了旋床工。他聪颖好学，不仅学习技术知识，还学习中国文化和英文。由于待人热情诚恳，善于帮工友解难，邓培周围很快就团结了不少工人。文化知识的增长使邓培产生了一种向往光明、向往自由的要求。他曾参加过孙中山领导的同盟会，但是，清朝被推翻后，中国并未摆脱半殖民地半封建社会的桎梏，这使他想要寻求新的理想与道路。1917年，邓培所在的机车机械所发生了反对大包工制的工人自发斗争，邓培在其中发挥了一定作用。这次斗争使他认识到工人团结的力量。1919年6月初，时值中国工人阶级开始登上五四运动的舞台，邓培在唐山厂倡导成立了职工同人联合会，他被选为总干事。该会下设评议部和总务部，在工厂各场、所建立了救国十人团，作为同人联合会的基层组织。6月12日，邓培带领2 000多名职工，冲破厂方的阻扰，参加了唐山各界人民的集会和示威游行。6月24日，唐山各界人民再次举行集会，邓培率领全厂职工罢工半天前往参加，并在大会上就“拒绝和约”等问题做了演讲。7月6日，唐山成立各界联合会，邓培作为工界代表被选为评议员，参加了各界联合会的领导工作。8月26日，唐山各界联合会召开紧急会议，为抗议北京政府拘捕各界代表，决定选派第三批进京请愿代表，邓培作为代表之一，赴京请愿[①]。在五四运动的风浪中，邓培成长为一名有勇有谋、在唐山工人中有威信的爱国工人领袖。在他周围，还团结着一批工人骨干，如王麟书、刘玉堂等。王麟书，字宝珍，1895年出生于唐山宋谢庄一个工人家庭，少年时代渴望上学，勉强读完小学后辍学，1913年入唐山厂当刨床工。五四运动爆发时，他参加了邓培组织领导的职工同人联合会和救国十人团，同年10月，被选为唐山市各界联合会赴京请愿代表。刘玉堂，曾用名刘铁年、刘铁牛、刘小曼等，1903年

---

① 唐山机车车辆厂厂志编审委员会．唐山机车车辆厂厂志．北京：中国铁道出版社，1999：273．

1921 年 12 月 28 日，邓培为了更好地传播马列主义思想，主持筹建唐山市工人图书馆，这是中新街 2 号该图书馆工人阅报室旧址

出生于天津市静海县，1918 年入唐山厂当翻砂工。五四运动时，他也参加了职工同人联合会和救国十人团[①]。由此可见，邓培已经在自己身边聚集起一批骨干了。

唐山的地理位置使它容易受到北京的辐射。1920 年 4 月，李大钊派罗章龙到唐山与邓培联系，不久，邓培就被吸收为马克思学说研究会会员。这在中车工人乃至在整个中国工人中都具有先锋意义。当年 5 月 1 日，邓培等人就领导唐山厂、开滦煤矿、启新水泥厂等唐山厂矿的工人，首次在唐山纪念“五一”国际劳动节。9 月，邓培和王麟书赴京奉铁路天津机务段宣传组建职工会。11 月，张太雷等人在天津建立社会主义青年团组织后，派人与邓培联系，12 月，天津共产党组织设立京奉铁路唐山站分部，邓培任负责人[②]。值得一提的是，1920 年 12 月唐山厂发生了一次“小罢工”。上海共产主义小组创办的《劳动界》对这次罢工有记载：“近来唐山南厂（即京奉路唐山制造厂）工作很多，但是天黑的很早，白天的工作只能提早到五时放工，不过因货物太多

① 唐山机车车辆厂厂志编审委员会．唐山机车车辆厂厂志．北京：中国铁道出版社，1999：275．

② 同①273．

的原（缘）故，所以又开夜工，这夜工就是下午五时起至九时止，工资仍照白天的工资一样按点照加。工人做了日工连做夜工，就从下午一时开工足到夜晚九时停，晚饭要到完工后才能吃。不过历年的旧例，夜工到晚八时就停止并可随便回去了，可是这次夜工在 15 号那天就有工头要压迫工人必须做到九时才能回去，当夜就有许多工人不听其命到八时都去了，16（号）晚机器厂工头用高压强迫工人就范，大家就反对起来，以为八时停工乃往常旧例且夜工系特别工作。依各国工厂法，工资均应加倍，今既不增加工资，令工人枵（空）腹工作，又复外加工作一小时，不恤人情，殊背众意，就一致停止夜工，相率出厂，是晚机器厂工作遂完全停顿。”[①] 由报道可见，工人们过去就习惯于饿着肚子上夜班，在这种已经很差的劳动条件下，工头还要延长夜班时间并且不增加工资，就令工人们奋起罢工了。这次罢工的起因在于不合理的车间管理，被报纸评论称为“小小的罢工”，属于一次工人们临时决定的自发斗争。《劳动界》在评论中鼓励工人们团结：“我们很希望他们团结起来，把机器厂的工人聚在一起，大家要知道，办事最要的是‘齐心’……唐山的工人呀！我们大家正看着你们哩！”[②] 让工人们“齐心”，正是邓培要做的事情。

1921 年 1 月，邓培对唐山厂的职工同人联合会进行了整顿，清除了工头等，使组织更加严密，选举产生了由 9 名委员组成的领导机构，邓培当选为委员长。组织的名称一开始仍叫职工同人联合会，后来改称京奉铁路机务处职工会，又叫京奉路唐山工会。邓培在讲到成立工会的意义时说：“要打破同乡观念，不分南方人、北方人，都是一同受苦的兄弟……不能要工头、狗腿子参加工会，他们和咱们走的不是一条道。”[③] 这就是在锻造工人们的“齐心”。在中国共产党的指示下，邓培大刀阔斧地开展工作。

1921 年 7 月间，邓培领导建立了唐山社会主义青年团组织。当年 9 月，邓

---

①② 中华全国总工会中国工人运动史研究室．中国工运史料：第一至八期：上．北京：工人出版社，1984：298．

③ 唐山机车车辆厂厂志编审委员会．唐山机车车辆厂厂志．北京：中国铁道出版社，1999：273．

1922 年 8 月，在邓培的带领下，成立中共唐山地委，这是当年秘密发展党员的地方

培与罗章龙作为北京代表，在上海参加了中共中央召开的讨论发展工人运动的会议。会后，唐山被中国共产党作为在北方开展工人运动的重点地区之一。10 月，邓培受中共北京区委指派，作为中国代表团成员之一，赴莫斯科参加远东各国共产党和民族革命团体第一次代表大会。1922 年 1 月 21 日，大会在克里姆林宫召开，邓培在大会上做了题为《中国的工会、铁路和冶金工人罢工的情况》的报告，会议期间还受到了列宁的接见。据记载，在告辞时，列宁握着邓培的手说："铁路工人运动是很重要的，在俄国革命中，铁路工人起过重大作用，在未来的中国革命中，他们也一定会起同样的或者更大的作用。"列宁的教导使邓培深受鼓舞。会议前后，邓培还随同中国代表团在伊尔库茨克、莫斯科、彼得格勒等地进行参观，参加了"共产主义星期六"义务劳动，感受到了世界上第一个社会主义国家当家作主的劳动人民的精神面貌，激动不已，坚定地树立了为民族求解放的决心。1922 年 3 月，邓培从莫斯科回到唐山，积极宣传这次会议的精神和见闻，抓紧发展党员，着手筹建基层党组织。当年 4 月，京奉铁路唐山制造厂党支部成立，邓培任书记。7 月，邓培赴上海列席了中国共产党第二次全国代表大会，返回唐山后，他不仅在唐山厂壮大党组织，还在邻近的开滦唐山矿发展共产党员。8 月，经中共北京区委批准，中共唐山地方

执行委员会成立，邓培任书记[①]。唐山厂这一中车的起点，在邓培的努力下，形成了自己的红色基因，在唐山厂面前，一条新的历史道路展开了。

 品重柱石

五四运动期间，中车在南京的浦镇机厂的工人也登上了历史舞台。1919年6月7日，南京下关、浦口的码头工人、搬运工人首先罢工。8日，沪宁路铁路工人，南京至镇江、扬州、芜湖间的航运工人相继罢工。接着，津浦铁路司机也举行了同盟罢工，浦镇机厂工人不但罢工，还举行了游行。当天，浦镇机厂工人在机匠王荷波的带领下，原本准备参加南京城内抗议军警镇压爱国学生的游行，但由于军阀当局封江阻止，他们改在浦镇示威游行，高喊“还我山东”“还我青岛”“惩办卖国贼”“废除卖国的二十一条”等口号[②]。王荷波，就是使中车浦镇机厂形成红色基因的工人骨干。

王荷波本名王灼华，1882年5月19日生于福州城内府里东廊顶，其父为福建布政使司衙门书办，家境虽不宽裕，但也不算贫寒。王荷波家位于福州城中心鼓楼地带，私塾林立，他也因此接受了几年传统教育。天有不测风云，王荷波的父亲在布政使司的裁员中被裁出，由此家道中落，后来又在盐运使司当上小职员，但已渐渐无力负担家中几口人的生活，王荷波因此只读了两三年书就不得不辍学。不料，盐运使司也裁员，王荷波的父亲再度失业。为了生活，王荷波随父亲去闽江边的鸭姆洲拣担船馆的石头，干起了辛苦的体力劳动。即使如此，王家的生活依然艰辛，王荷波的两个妹妹先后被饥饿与病痛夺去了生命[③]。穷人的孩子早当家，家庭的变故，让王荷波早早成熟起来。

1901年1月，王荷波的五弟出生了，但新生命的降临给这个贫苦的家庭带

---

①《唐山机车车辆厂厂志》编审委员会．唐山机车车辆厂志．北京：中国铁道出版社，1999：274．

②《南京浦镇车辆厂志》编委会．南京浦镇车辆厂志（1908—2007）．北京：中国铁道出版社，2008：501．

③ 王守宪．铁血忠魂王荷波：从工人领袖到监委主席．北京：中国方正出版社，2019：7–8．

王荷波

来的是负担。王荷波年仅37岁的母亲因长期操劳而撒手人寰，他父亲也病倒了。家中有卧病在床的父亲和4个年幼的弟弟，19岁的王荷波决心外出闯荡来寻一条活路。1901年春天，王荷波投奔了在江苏江阴当水师鱼雷营管带的姨夫。王荷波由于念过几年书，又聪颖好学，很快就在鱼雷营成为一名优秀的水兵。但好景不长，由于鱼雷营发生了一次鱼雷爆炸的事故，王荷波的姨夫被撤职查办后调离，他也受到连带影响，不得不退出军营，而此时距他成为水兵仅1年的时间。雪上加霜的是，王荷波的父亲于此时离开了人世，他的五弟也被送了人。但是，王荷波已经被生活的苦难磨炼出了坚强的意志，他从江阴前往上海，希望能在上海高昌庙的江南船坞一带谋生。然而，彼时的上海，失业者遍地，王荷波只能流落街头。于是，他又登上了前往海参崴的外轮，成为被沙俄殖民者奴役下的中国劳工。1903年，围绕着对中国东北的争夺，日俄间矛盾加剧，沙皇俄国把从清政府手中强租的旅顺口扩充为其远东舰队的基地，将原属于北洋水师的旅顺水雷制造所强行租占，改为旅顺枪炮局鱼雷制造间。为了扩大生产规模，旅顺枪炮局鱼雷制造间招募了一批中国工人，王荷波就是其中的一员。1904年，日俄战争爆发，这是两个帝国主义国家在中国东北进行的一场争夺在华权益的肮脏战争。为了抗议这场不义战争，王荷波随着工厂雇用的2 000多名中国工人，以辞职的方式，举行了“拒俄同盟罢工”[①]。这是王荷波第一次参加工人阶级的爱国主义斗争。

① 王守宪．铁血忠魂王荷波：从工人领袖到监委主席．北京：中国方正出版社，2019：12．

日俄战争后，日本夺取了此前俄国在中国东北攫取的大量权益，其中就包括铁路及其附属工厂。王荷波来到了大连，进入中车早期的实体——东省铁路机关车制造所当工人，这家工厂就是沙河口铁道工场的前身。从这时起，王荷波开始与中车发生关联，成为中车早期工厂的一名工人。辛亥革命爆发后，王荷波深受振奋，曾鼓励在家乡的三弟参加福州城的起义。然而，新建立的中华民国并没有改变中国积贫积弱的半殖民地状态。1915 年 5 月 9 日，袁世凯决定接受日本提出的“二十一条”，消息传出后，举国震惊。王荷波与沙河口铁道工场的中国工人，义愤填膺，参加了大连城里组织的抵制日货的示威游行，高呼“反对二十一条”“宁为中华鬼，不为日本奴”等口号。王荷波怀着对日本殖民统治的愤恨，离开了沙河口铁道工场①。作为南方人，王荷波很早就想重回南方。凭着在沙河口铁道工场练就的娴熟技艺，他考入了南京的浦镇机厂。到了浦镇后，这名 34 岁的年轻工人将名字从王灼华改为王荷波。他由于为人正直，热心为工友办事，深得工人爱戴，工友就忙着为他张罗婚事。1917 年，35 岁的王荷波娶了穷苦工人出身的高一德，在浦镇成了家。

中车早期的工人骨干具有一些相通的特征：他们都具有一定的文化水平，因此能够迅速吸收新知识，较早觉悟；他们都具有豪爽耿直的性格，乐于为工友排忧解难，因此能够在身边团结起一批工人，成为组织工人运动的核心；他们都有勇有谋，在接触马克思主义前，就能够自发斗争，或为工友谋权益，或号召工人参加爱国运动。这些工人骨干，是中车红色基因能够形成的重要基础。王荷波就是这样一名工人骨干。据记载，1920 年初，工头张裕企图侵吞工人的年终“花红”即年终双薪，王荷波找他理论，说：“工人一年到头辛辛苦苦，年关时节发一点花红，完全是大家的劳动应得；而你们衣食富足，不干活，不流汗，还想刮工人的油水，这是什么道理？”张裕抵赖不过，表面上答应要给工人发花红，但一再拖延，想不了了之。王荷波识破了他的诡计，眼看

① 王守宪．铁血忠魂王荷波：从工人领袖到监委主席．北京：中国方正出版社，2019：15．

年关将近，就带着七八十个青壮工人冲进张裕的院子里，再次提出要求。张裕见状不妙，只好给工人发了花红。工人们真正感受到了团结的力量，对王荷波也更加信赖[①]。当然，这还是一次自发斗争。不过，当时的王荷波，已经通过阅读进步报刊，接触到了一些先进的思想和理论，觉悟得以提高。

1920 年 8 月，上海的共产党早期组织在法租界老渔阳里 2 号《新青年》编辑部正式成立。当时取名为“中国共产党”。这是中国的第一个共产党组织，其成员主要是马克思主义研究会的骨干，陈独秀为书记。上海的共产党早期组织实际上起着中国共产党发起组的作用[②]。在离上海不远的南京，王荷波看到《新青年》上发表的《南京劳动状况》，以及《劳动界》等报刊上发表的上海、天津等地工人成立工会、工团的消息，十分振奋，不仅与浦镇机厂不识字的工友们分享这些文章和信息，还酝酿着组建浦镇机厂自己的工会。当时，浦镇机厂从英国新调来一个总监工巴拉，对工人进行压榨，王荷波同油漆工李永福、钳工张振诚等人谈到这事，号召工人们像上海、天津的工人那样建立工会组织。就这样，1921 年 3 月 14 日，浦镇机厂“中华工会”在浴堂街 34 号成立，王荷波、张振诚、李永福等被推选为工会委员，王荷波被选为副会长，后来担任会长。这是南京地区第一个工会组织。工会办公所在地浴堂街 34 号，坐落在浦镇洋桥口东面，浦镇机厂工人大都居住在周围。这是一幢独立的灰墙小瓦平房，系三开间，占地面积约一两百平方米，里面设有供工人泡澡的浴室。中华工会成立后，将其包租下来，作为工会的办公地点[③]。在后来的斗争中，浴堂街34号的浴室，很方便掩护。工会成立这天，正值王荷波妻子分娩，当他开完会回家时，大女儿已经平安出生，他高兴地给女儿取名“职工”（后改名王晓珍）[④]。

---

① 王守宪．铁血忠魂王荷波：从工人领袖到监委主席．北京：中国方正出版社，2019：26．

② 中共中央党史研究室．中国共产党历史：第 1 卷，1921—1949：上册．北京：中共党史出版社，2011：59．

③ 胡耀华．光辉的历程：中共南车南京浦镇车辆有限公司简史（内部发行）．2011：14．

④ 同①33．

中华工会成立后，王荷波除了上班做工，将其他精力都放在了工会工作上。当时，有文化的工人不多，工会账目只好由他自己来记。他从来不乱用工会一文钱，把工会账目记得一清二楚，还定期向会员公布，每天都要忙到深更半夜。工人们遇到烦心的家务事，也愿意来找他排解和倾诉[①]。王荷波因此深受浦镇机厂工人爱戴，中华工会也深得工人信赖。

当时，由于货币贬值、物价飞涨，工人们的实际生活水平下降，王荷波与中华工会的其他委员商议后，代表工人向津浦铁路局提出增加工资、发给御寒棉衣等 11 项要求，但路局置之不理。据记载，一个周日，王荷波带领着浦镇机厂的几十名工人，趁津浦铁路特别快车进站时，赤身露体，卧轨请愿。武装护路队长下车问话，王荷波代表工人说："工人们生活有倒悬之急，交通部不能坐视不理！"铁路当局为保证火车正点，答应让工人派代表进京谈判。王荷波义不容辞担起重任，只身前往北京。工人们看他衣服单薄，暗地里凑钱给他买了一件皮毛大褂，送行时，王荷波感激地对工友们说："弟兄们，我谢谢你们了，我带着你们的心愿，穿上你们送的寒衣，浑身充满力量。此去决不辜负大伙的重托！"王荷波到北京后，进入交通部，据理力争，终于迫使交通部答应了工人们的全部要求。王荷波返回浦镇后，浦镇机厂的工人们夹道欢迎[②]。此后，中华工会还办起了工人合作社和崇意学校。王荷波在工人中的威望更高了。1921 年 5 月，在王荷波 40 岁虚岁生日时，浦镇机厂的工人们送他一块大红匾，上面有"品重柱石"四个鎏金大字[③]。工人们抬着红匾，敲锣打鼓在浦口、浦镇南门环游一周，以此表达对这位工人领袖的敬意。

浦镇机厂的工人运动搞得有声有色，王荷波与中华工会声名远扬，很快就引起了刚成立不久的中国共产党的注意。当时，津浦铁路在中国劳动组合书记

---

① 胡耀华．光辉的历程：中共南车南京浦镇车辆有限公司简史（内部发行）．2011：15．

② 王守宪．铁血忠魂王荷波：从工人领袖到监委主席．北京：中国方正出版社，2019：35．

③《南京浦镇车辆厂志》编委会．南京浦镇车辆厂志（1908—2007）．北京：中国铁道出版社，2008：14．

1921 年 3 月 14 日，浦镇机厂中华工会在浴堂街 34 号成立

部北方分部的领导范围内，时任北方分部书记的罗章龙决定亲自到浦镇调查，了解情况。罗章龙是湖南浏阳人，1918 年加入毛泽东等发起成立的新民学会，后入北京大学读书，中国共产党成立初期，在李大钊的领导下从事工人运动。1921 年 11 月，罗章龙从徐州到浦镇，不料，消息走漏，他一下火车就被当地军阀中的交通系人员抓获。王荷波闻讯，便带领工人前去营救，将罗章龙救了出来，并把他安排在自己家里住下。王荷波与罗章龙一见如故，两人在王荷波家里进行了深入交谈，在罗章龙的引导下，王荷波表示要认真学习马克思列宁主义，学习十月革命的成功经验，为工人阶级的利益而斗争。后来，罗章龙深情地回忆了他与王荷波初识的情形："1921 年末至 1922 年初，冬春之交，我为开展劳动组合书记部事，经陇海铁路工会介绍，由徐州前往浦镇。不料事为当地'交通系'所闻，几经毒手，荷波闻讯，挺身而出，率众救我于围困之中。这样，我就结识了荷波，他留我住在他家中，得以日夜促膝恳谈。"[①] 罗章龙一

① 王守宪．铁血忠魂王荷波：从工人领袖到监委主席．北京：中国方正出版社，2019：38–39．

1924 年初夏，王荷波（中）与罗章龙（右）、姚佐唐（左）在苏联合影

共在王荷波家里住了 3 天，两人结下深厚友谊。

在罗章龙的引导下，王荷波走上了马克思主义道路。1922 年春，王荷波率领浦镇机厂中华工会加入了中国劳动组合书记部北方分部。中华工会由此成为津浦铁路第一个由中国共产党领导的工会组织。这期间，罗章龙又把王荷波介绍到北京大学马克思主义学说研究会，让他正式接受马克思主义的理论教育。在北京，王荷波不仅迅速提高了政治觉悟与理论水平，还结识了李大钊。1922 年 6 月，经罗章龙介绍，王荷波在北京加入了中国共产党，成为津浦铁路第一个工人党员，也是南京地区最早的党员之一[①]。王荷波加入中国共产党，也意味着中车浦镇机厂的红色基因形成，浦镇机厂将迎来历史的新篇章。而王荷波的迅速成长，也带动了整个中车的红色文化的发展。1922 年 10 月，中国劳动组合书记部派北京大学学生王仲一（又名王振翼）到浦镇机厂担任工会秘书，协助王荷波开展党和工会的工作。王荷波、王仲一和浦口车务段行车司机王国珍三人在浴堂街 34 号成立了浦口党小组这一南京地区第一个党小组，由王荷波任组长。当年冬，王荷波又在浦口组织津浦铁路工人俱乐部，开办职工夜校、澡堂、合作社等工人福利组织，同时将这些组织作为党的活动场所[②]。这些活

① 王守宪．铁血忠魂王荷波：从工人领袖到监委主席．北京：中国方正出版社，2019：42．

②《南京浦镇车辆厂志》编委会．南京浦镇车辆厂志（1908—2007）．北京：中国铁道出版社，2008：14–15．

动，为接下来的斗争做好了准备。

 大槐树下

大槐树，在中国传统文化里，代表着故乡。中车早期实体之一的津浦铁路济南机厂，又被称为“津浦路大槐树机厂”。这个济南当时首屈一指的工厂是全国建立工会组织最早的工厂之一，素有“北有北京长辛店，南有上海小沙渡，中有济南大槐树”之说，是中车红色基因的根系之一。这里还是在长辛店机厂大放异彩的工人骨干、共产党员史文彬的故乡。大槐树机厂，亦即济南机厂，在中车的红色历史上，同样是一段传奇。

清末建成通车的津浦铁路，南段从峄县（在山东枣庄地区）到浦镇，是英国人的势力范围，英国人建了浦镇机厂进行配套；北段从天津到峄县属于德国人的势力范围，德国人建了济南机厂为之服务。之所以称济南机厂为大槐树机厂，是因为该厂选址于济南府紧靠津浦路右侧的大槐树庄，距离济南城西 3 公里。济南机厂 1913 年 4 月 1 日建成投产，修理津浦铁路北段的机车车辆，全厂有设备 82 具（台），工人 411 人。建厂时的厂长是德国人道格米里，厂中绝大部分管理人员也是德国人。该厂的生产能力是每月修理机车 3 台、客车 2 辆、货车 10 辆。与其他外资厂相似，德国人与中国人在工厂里的地位和待遇相差悬殊。据民国初年的报告，德国籍工人的月薪为 250 元至 500 元，厂长高达 800 元，中国工人的月薪则仅有几元至十几元。济南机厂除了给从天津来的部分技术工人在厂西南墙外用红砖盖了几十户住房即“红房子”外，绝大部分工人是自己租赁民房或在工厂墙外住窝棚。而德国厂长单独住一栋楼，有工人为他劈柴、养花、擦地板[①]。这种管理制度，就像在中车其他早期实体里一样，引发了工人的自发斗争，史文彬正是因自发斗争而离开济南的。1920 年进厂的老工人安盛才后来回忆：“我是 1920 年进厂的，当时在架车场（后来的机车车间）

① 济南轨道交通装备有限责任公司．红色大厂（内部发行）．2010：6–7．

济南机厂工人居住的低矮窝棚

当工人，每天要工作十四五个小时，累得腰酸腿痛，身子骨像散了架似的，但干一天活只有二角五分钱。”[①]可见，当时济南机厂的工人需要有人牵头组织，方能引向红色道路。

在济南机厂中，有个工人骨干叫李广义。李广义，字宝臣，1891 年出生于山东省章丘县龙山村一个农民家庭。1913 年，李广义进济南机厂当油漆匠[②]。1920 年的济南机厂已经有所壮大，厂里有 1 234 人，其中 200 人住红房子，在济南城内和郊区居住的有 300 余人，其余 700 多人则住大槐树南、北、中街。李广义就住大槐树中街。工人们经常聚在李广义家，讨论改善工作和生活条件的问题。1922 年 3 月，李广义成为济南机厂第一个共产党员。罗章龙回忆称：“我到济南去先到的是大槐树机厂，是通过津浦路天津站的一个跑车的人跟我一块去的。到厂里找到了李宝臣，他是地地道道的工人，是一个油漆匠。他在 1921 年就参加了北京的马克思学说研究会，也是通讯会员。所以我们就把他直接吸收到了党内。他是这个厂最早期的党员，也是这个厂工会的负责人，我去济南大槐树机厂，记得清楚的是 1921 年底去的那次，以前也曾去过，详细情况记不清了。”[③]宋书宣是1915年进济南机厂的架车场工人，他是这样回忆李广

① 济南轨道交通装备有限责任公司．红色大厂（内部发行）．2010：38．

② 同①178．

③ 济南轨道交通装备有限责任公司．红色大厂（内部发行）．2010：16．

义在厂内的早期运动的："有一天，我们早晨上班时，在路旁、工作案上发现了许多传单，有《共产党宣言》、'告工友书'等。我们看了这些传单，觉得传单上净说我们工人心里话，明白了工人受奴役的道理。这些传单很快在咱们厂里工人中流传，使大家看到了光明，看到了希望。我们到处寻找撒传单的人，费了好大劲儿，终于找到了，原来是油漆匠李广义撒的。他年龄比我们大，我们都亲切地叫他李大哥。他识字也会写字，毛笔字写得很好，工人谁家有红白事都请他去写。他交了很多朋友，除了厂里的，外面的也很多，他能讲会说，一讲一大套，条条在理，所以咱们都愿意跟他'偎窝'。"①

李广义在济南机厂红色基因形成过程中，成了穿针引线的关键人物。据记载，在技术工人聚集的红房子区，有位姓张的天津老工人为丰富工人们的业余生活，下班之后，就把青年工人引到自家大院，给他们讲故事，教他们练拳习武。久而久之，张家大院成了济南机厂红房子区的工人娱乐休闲的"公所"。由于天津工人把高跷等民俗带了过来，并在节日里演出，"公所"在济南城扬了名。1920 年秋，经李广义介绍，王荷波来到了济南机厂的"公所"，从事宣传与教育工作。经王荷波的动员，济南机厂的工人议定，"公所"要办得更好，不能只作为一个联络工人感情的娱乐场所，要让工人们读书识字，明白受压迫受剥削和求解放的道理。从此，"公所"开始给工人们发石板、石笔，请能识字读书的工人当老师，教大家学文化。王荷波还亲自给工人讲课，工人们亲切地喊他王老师②。尽管王荷波停留于济南机厂的时间非常短暂，但他无疑给济南机厂注入了一股新的红色的活力。

据记载，王荷波来济南机厂前，先与中国共产党先驱之一的王尽美取得了联系，王尽美告诉他，济南机厂的工人已经在李广义的暗中组织下成立了"公所"，王荷波感到"公所"是一个很好的与工人接触的机会与场所，便

① 济南轨道交通装备有限责任公司．红色大厂（内部发行）．2010：15．

② 同①13–14．

王尽美

匆匆赶来济南[①]。王尽美，原名瑞俊，字灼斋，山东莒县北杏村人，生于1898年，1918年考入山东省立第一师范学校，五四运动爆发后，积极参与和领导学生、市民运动。之后，发起组织励新学会，主编《励新》半月刊。1921年春，王尽美与邓恩铭等在济南建立中国共产党早期组织，7月出席中国共产党第一次全国代表大会。1922年1月，他与中车唐山厂的邓培一起出席了在莫斯科召开的远东各国共产党和民族革命团体第一次代表大会，回国后任中国劳动组合书记部山东分部主任。1920年12月，王尽美在为半月刊《励新》起草的发刊词中写道："近来，新思潮蓬蓬勃勃过来以后，……大多数青年，已经有了觉悟，便觉着老实读书以外，个人和社会、和人类还有种关系，非常重大，已注意到这上头，便对于从前一切的制度、学说、风俗……都发生了不满意，都从根本上怀疑起来，于是觉得满眼前里，无一处，无一事，不都是些很重要的问题了。"[②]这段话很生动地反映了当时中国的进步青年急切探求真理道路的心情。王尽美找到了马克思主义的真理。1921年5月，《济南劳动周刊》出版，王尽美在出版宣言中开宗明义地写道："我们为什么出这周刊呢？他的答案就是：我们出这周刊，为的是促一般劳动者的觉悟，好向光明的路上去寻人的生活。"在进一步的说明中，他指出3条方针，即增

① 济南轨道交通装备有限责任公司．红色大厂（内部发行）．2010：13．

② 王尽美．王尽美文集．北京：人民出版社，2011：12–13．

进劳动者的智识、提高劳动者的地位以及改造劳动者的生活[①]。在这些方针的指引下，王尽美深入山东省的工厂从事工人运动，其中就包括被称为“大厂”的济南机厂。1921 年 6 月，王尽美曾在济南机厂教工人唱一首他创作的歌谣：

天下工农是一家，
不分你我不分他，
不分欧美非亚、英美日法俄德和中华。
全世界工农联合起来吧，
世界太平，
弱小民族开放自由幸福花。[②]

靠着这样通俗生动的宣传，王尽美把马克思主义的理想种在了济南机厂工人的心中。

就像济南是重要的铁路交会点一样，济南机厂红色基因的形成，也是多条线索交织的。就在李广义入厂的前一年，史文彬背井离乡，进了长辛店机厂。不过，很显然，史文彬不仅和济南机厂的工友们保持着联系，还回过济南机厂。他带回济南机厂的，自然有先进的思想和理论。据记载，1921 年 2 月的一天，七八个工人又聚在李广义家，但李广义直到晚上 10 点多才回来。李广义告诉工友们，长辛店的史文彬捎来了信。史文彬在信中介绍了长辛店的劳动补习学校，令济南机厂的工人们产生了兴趣，工人们给李广义和另一名工人黄锦荣凑了盘缠，让他们去长辛店考察。李广义和黄锦荣在长辛店参观学习了 5 天，就带着劳动补习学校的平民课本和许多报刊，满载而归。回厂后，李广义和黄锦荣团结了一批工人，在红房子“公所”的基础上，又在北大槐树和中大槐树连续办起了 4 处工人补习学校，把长辛店经验移植到了济南。这些补习学校没有像长辛店劳动补习学校那样组织工人子弟在白天学习，所以工人们把它们称

① 王尽美．王尽美文集．北京：人民出版社，2011：29–30．
② 同①31．

为“工人夜校”。前来报名参加夜校学习的工人有四五百名，学校给学员发石板、石笔和平民课本。经过筹备，1921 年夏天，工人骨干通过架车场的监工刘俊山联合了几个场的监工，租了中大槐树北街增盛东酱菜园后院的 5 间屋子，正式成立了济南大槐树机厂工人俱乐部，购置了乐器，还请了一位曾在清朝皇宫唱过戏的师傅教京剧。通过工人夜校和工人俱乐部，李广义把厂里的工人组织起来了，表面看就是玩玩乐乐、识字学文化。监工、警察来查看多次，也认为这不是政治团体，因为其没有搞政治活动。实际上，李广义经常跟王尽美、王荷波联系，请他们来给工人讲课，在工人中发现和培养骨干。不过，工人夜校和工人俱乐部活动不到一年，就被新上台的交通部长高恩洪强行关闭了[①]。但是，红色的种子已经播下，济南机厂的红色基因逐渐形成。

老工人安盛才回忆了 1921 年济南机厂红色文化酝酿与传播的火热场面：“我上班的第二年，王尽美、王荷波、邓恩铭等同志到厂里来跟工人谈心，了解大家的疾苦，宣传马列主义，并通过油漆匠李广义把传单撒遍全厂。他组织工人在红房子公所成立工人俱乐部和夜校，说只有团结自己的团体工人才能有自由，才能过上人过的生活。当时工人们听了非常高兴，争着参加。夜校里发石板石笔，我记得老师讲的第一课是教我们写‘工人’两个字。老师在黑板上划一道横说：‘这好比是天’，然后在下面再画一道横说：‘这好比是地’，再在两横之间加一竖说：‘这是一根顶天立地的柱子，这个字就是咱们工人的工字，如果没有咱们工人，就要天塌地陷！’”[②]工人就是顶天立地的力量，中国共产党要让这种力量摆脱束缚，屹立天地之间。

1922 年 5 月，中国劳动组合书记部山东支部发表宣言：“中国劳动组合书记部山东支部是由山东的一些劳动团体所发起的，是要将各个劳动团体联合起来的总机关。他的事业是要发达劳动组合，向劳动者宣传组合的必要，要联合或改组已成的劳动团体，使劳动者有阶级的自觉，并要建立山东工人们与各地

① 济南轨道交通装备有限责任公司．红色大厂（内部发行）．2010：20–23．

② 同①38．

王尽美在济南机厂领导工人运动（油画）。1922 年 6 月，山东省第一个产业工会——大槐树机厂工会成立

工人们的密切的关系。”[①]这标志着山东的工人运动在中国共产党的领导下，进入一个新的阶段。6 月 18 日，在中共济南直属小组的领导下，津浦铁路济南大槐树机厂工会正式宣告成立，会址就设在原俱乐部。老工人安盛才回忆道：“这一天全厂工人像过年一样敲锣打鼓放鞭炮，高举着‘劳工神圣！’、‘庆祝津浦路大槐树机厂工会成立’的彩幛游行。游行队伍从厂门口出发，经过十二马路，返回来又进中大槐树街。那时这条街是很火爆的街道，满街挤满了观看的人们。”[②]济南大槐树机厂工会是山东的第一个产业工会。王尽美满怀激情为工会的成立发去了贺词：

好了！好了！

劳动界一线的曙光，放到我山东来了！

你是握着南北交通的枢机，

你是传播文明的利器。

你要为山东劳动界多少同胞，

首先把这个担儿担起。

但愿你下上决心，养足实力，认定方针，辨清目的。

① 王尽美．王尽美文集．北京：人民出版社，2011：36．

② 济南轨道交通装备有限责任公司．红色大厂（内部发行）．2010：38．

你要知道，

你的后边，还有多少同情的兄弟，

都要跟着你即时奋起！

你要能好好地给他们作一个榜样儿，

那才是你的成绩。

努力！努力！

有多少亲爱的同胞，眼巴巴地望着你！[①]

王尽美把济南机厂称为“传播文明的利器”，这是从工业文化的角度阐明了铁路工业的使命。大槐树机厂工会成立后，担起了这个担子，铁路大厂亦成为红色大厂。

在大槐树机厂工会成立后，济南机厂的工人们开始有组织地展开斗争，向厂方提出年终发双薪、星期天带薪休息半天、每 6 个月加薪一次等合理要求，但遭到厂长拒绝。于是，一方面，工会组织工人怠工，开机器跑空车，三三两两围在一起闲谈不干活；另一方面，工会组织工人请愿代表团去天津向津浦路当局请愿，提出 12 项要求。请愿代表团到了天津后，遭到路局拒绝，便回厂发动工人罢工，厂方忙向路局急呼情势严重。于是，请愿团第二次赴津请愿，但路局只答应极少的条件，消息传回工厂后，工人们更加愤怒，包围了厂长大楼，并要走向济南街头游行示威，厂方吓得一连三次向路局告急。请愿代表团遂第三次去天津，在厂内罢工的第 7 天，迫使津浦铁路当局同意了 12 项条件中的 8 项条件，主要内容包括：不许员司私自介绍人入厂、工人出差必须按规定发给差费、不给员司送礼、半年增薪1角、工人婚丧给假不扣工资等[②]。这次罢工的胜利锻炼了工人骨干，使工人生活得到改善，树立了工会的威信，标志着济南机厂的工人运动开始进入新的阶段。

① 王尽美．王尽美文集．北京：人民出版社，2011：37–38．

② 济南轨道交通装备有限责任公司．红色大厂（内部发行）．2010：31–32．

1925 年 2 月，山东省第一个企业党支部——中共大槐树机厂支部成立。图为党支部成立旧址

 江岸怒涛

长江是连通中国东西部的天然大动脉。在长江的中游，最长的支流汉江自西北向东南，与长江汇合。于是，长江与汉江交汇的地方，就成了帆船时代中国东西南北商旅集散的重镇。在江汉朝宗之地，长江南岸为武昌，长江北岸、汉江南岸为汉阳，汉江北岸则为汉口。这三座多少有些独立的城市，构成了武汉三镇。铁路兴起后，这种人造的钢铁动脉纵贯中国南北，与横贯东西的天然动脉长江的最佳交汇点，也是武汉。不过，在桥梁技术尚很落后的近代中国，长江就如同不可逾越的天堑。纵贯中国南北的铁路，到了武汉，只能把江北的汉口和江南的武昌分别作为终点，隔江相望。江北岸的铁路连接的是首都北京，比江南岸的铁路更加重要，因此，在长江北岸的汉口，早早地建立了一座修理机车车辆的铁路机厂，这就是中车早期实体之一的江岸机厂。

江岸机厂是长辛店机厂的姊妹厂。长辛店机厂服务的是卢汉铁路以及后来的京汉铁路的北段，江岸机厂服务的是南段。1901 年，法国人在汉口江岸勘测，选定了刘家庙为设厂地址。当时，刘家庙一带是布满水塘的荒地，到夏天即为泽国，但地价便宜，而且东临长江，深水轮船可直接靠岸，南接汉口租界区，外资洋行与工厂的物资运输方便。当年 9 月，京汉铁路江岸机厂开始动工建设。1902 年夏天，法国人从国内运来了一些机械和 1 台 40 马力的蒸汽机，又从福州的船政局和汉口附近的农村招来一批工人。1904 年，在郑州黄河大桥建成前夕，法国人用轮船陆续从本国运来一些机车、客车和货车。由于这些机车车辆体积庞大，配件繁多，为方便运输，只好拆开来分批装运，江岸机厂就成为组装它们的基地。法国人委派了杜拉克担任厂长。当时，江岸机厂有修理车辆的平车房、修理机车的车头场、油漆厂、修理机械的机器场、翻砂场和被称为马力间的锅炉房，工人有 100 多人。1906 年，京汉铁路全线通车后，江岸机厂一方面增添了起重设备，另一方面将工人扩充至 300 多人。辛亥革命期间，刘家庙成为革命军与清军争夺的要地，江岸机厂的墙壁屋顶皆被炮弹洞穿，生产一度停顿。1913 年，工厂进行了扩建，达到年修机车 10 余台、客车 100 多辆、货车 1 000 余辆的生产能力。1919 年，工厂进行了新的扩建，总面积达 11 000 多平方米。在当地，人们习惯称江岸机厂为“机务大厂”或“江岸大厂”①。中车早期的若干实体均有“大厂”之名，足见中车在近代中国工业企业中的地位，而中车也成为中国共产党开展工人运动的重点。

江岸机厂的管理制度与当时其他的铁路机厂大同小异，也存在着不合理之处。例如，如果遇到铁路行车事故、车皮成列入厂等情况，工人就需要被迫加班加点、日夜不停地干，但工资仍按平常标准支付，并不因为工作做得多而多拿钱。再如，江岸机厂有不成文的规矩，逢年过节，每个工人都要向工头送礼，而送礼一次就要花费工人几个月的血汗钱。而外籍工人与中国工人待遇悬殊，也是铁路机厂的一致特点了②。江岸机厂的工人在自发斗争中组成了帮派，依据籍贯分为福建帮、湖北帮和三江（江南）帮。这些帮派虽然能为工人争取到一点利益，但帮派之间也会发生利益冲突，甚至导致械斗，破坏了工人的团结。

与京汉铁路隔江相望的武昌徐家棚也建有一个机厂，但建厂时间比江岸机厂晚了十几年。1917 年，汉粤川铁路修建湘鄂段时，在铁路北端修建了徐家棚

---

① 武汉江岸车辆厂志编纂委员会．武汉江岸车辆厂志（1901—1993）（内部发行）．1996：31–33．

② 同①33，44．

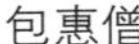

包惠僧

施　洋

机厂，亦称武东机厂[①]。这个机厂也就是粤汉路武昌机厂。与江岸机厂相比，武昌机厂规模小，各方面的重要性亦较低。

1919年的一个夏夜，一名叫包惠僧的湖北农村大学生，描写在山上所见所思：“我在山顶上，一边缓步，一边极目四顾，武汉三镇的夜景，历历如画，江上的清风，山间的明月，顿时把心中的烦闷，身上的疲乏冲洗尽了！汉阳兵工厂不断地向江面吐出火光，武昌纱布丝麻四局与第一纱厂的乌烟缭绕，相映成趣，京汉铁路与粤汉铁路隔江相望，龟山在前，洪山在后，不仅是形势天然，从工商业条件来说，真是中国内地唯一无二的一个生产城市。我在这里生活了六七年，总以为武汉是一个争名夺利的是非之地、罪恶的渊薮、一个堕落腐化龌龊不堪的城市，今天夜晚竟发现它有无比的美丽。心想，那些坏东西是人为的，如果有一个好的政府、有一种清明的政治、有一个好的市政建设计划，武汉三镇市民的幸福生活是有希望的！”[②]包惠僧认识到，武汉是中国现代工业的发源地之一，有着发展工商业的得天独厚的条件，但恶劣的政治阻碍了武汉工业的发展，武汉也未能成为一座能让市民幸福生活的城市。认识到这一点，也就不难理解包惠僧日后为何会加入中国共产党。

武汉的共产党早期组织，是在上海的共产党早期组织直接指导下成立的。1920年8月，在武昌抚院街董必武寓所，由刘伯垂主持召开会议，成立了“共

① 《中国中车志》编委会．中国中车志（1881—2015）．北京：中国铁道出版社，2017：48．

② 包惠僧．包惠僧回忆录．北京：人民出版社，1983：42–43．

产党武汉支部”这一武汉的共产党早期组织。参加会议的有刘伯垂、董必武、张国恩、陈潭秋、郑凯卿、包惠僧、赵子健等人，会议推选包惠僧任书记[①]。当时的包惠僧是一名志在揭露社会黑幕但工作不稳定的记者，加入中国共产党是他生活道路的重大转折。不过，武汉的共产党早期组织成立后，很快就遇到不知如何与工人阶级结合的问题。包惠僧回忆：“在武汉支部初期，党对工人运动是比较陌生的，同志中只有郑凯卿一个人是工人出身，而且他失业很久，才在昙华林文华书院找着一个校工的工作，跟工厂也没有甚么联系。”[②]共产党武汉支部只能通过各种关系尝试去接触工人，在摸索中前进。当时，武昌中华大学的学生恽代英办了一个利群书社，在武汉知识青年中很有影响，共产党武汉支部吸收了利群书社的成员入党，并通过这层关系联系上了粤汉铁路徐家棚总段机务厂厂长的儿子孙瑞贤，因为孙瑞贤也与利群书社有关联。通过孙瑞贤的父亲孙镜芳以及他的工人叔叔孙叠芳，共产党武汉支部在武昌徐家棚筹办了一个工人补习学校。这个学校的校舍正是由进步律师施洋经手建筑的[③]。施洋，字伯高，湖北省竹山县人，生于1889年，1915年考入武昌的湖北私立法政专门学校，1917年毕业后仍然留在武汉学习英语，并申请律师证书。林育南在为施洋写的传记中这么评价他：“他人以作律师为谋生发财之具，伯高的作律师是他保障人权、伸张公理的工具。”[④]因此，施洋当上律师后，对于工人极力帮助，不但不求报酬，对于贫苦工人还经常施以钱财救济。这样一位律师，自然愿意与中国共产党合作。后来，施洋常说：“只有马克思的科学的社会主义——即共产主义，苏俄的成功是我们最好的榜样。”[⑤]1922年，施洋加入了中国共产党。利用施洋借给的房子，徐家棚工人补习学校办了起来，白天开工人子弟班，夜

---

① 中共中央党史研究室．中国共产党历史：第1卷，1921—1949：上册．北京：中共党史出版社，2011：61．

② 包惠僧．包惠僧回忆录．北京：人民出版社，1983：65．

③ 同②69．

④ 林育南．林育南文集．北京：人民出版社，2014：106．

⑤ 同④124–125．

晚开工人补习班，粤汉铁路的员工，大部分同这个学校产生了联系，又在此基础上成立了粤汉铁路工人俱乐部。不过，共产党武汉支部并没有将粤汉铁路作为重点工作对象，包惠僧解释称："当时的粤汉铁路，仅通车到长沙，规模甚小，工人不多，作用不大。主要的工作对象还是京汉铁路。"①

包惠僧等人试图通过孙叠芳联系京汉铁路的工人，但孙叠芳告诉他们，京汉铁路是湖北帮、福建帮、江南帮的工人多，广东帮在京汉铁路的工人很少，甚至可以说是没有，他同京汉铁路没有任何联系。这条路走不通，包惠僧等人只好去汉口的大智门火车站以及江岸各工厂附近做调查，希望能找机会接近京汉铁路的工人，但仍然不得门径②。转机出现在1921年12月。当时，陇海铁路发生了罢工，中共中央电令中国劳动组合书记部北方支部和长江支部前往参加指导，长江支部的包惠僧等人遂星夜北上开封。但这次罢工是由工头发动的，工头们要求加薪的诉求满足后，工人们很快就复工了。不过，通过在开封与各色人等接触，包惠僧等人获得了京汉铁路工人的联系方式。郑州是京汉铁路除北京和武汉之外的重要节点，包惠僧等人就是在郑州开始与京汉铁路工人深入接触，最初与之对接的是湖南籍工人凌楚藩。包惠僧与凌楚藩议定，先把郑州与江岸这两个总段作为工作据点，郑州方面由凌楚藩负责，江岸方面由凌楚藩介绍工人与包惠僧联络③。就这样，包惠僧等人不仅打开了在武汉组织铁路工人运动的局面，还为整个京汉铁路工人的联合斗争打下了基础。值得一提的是，1906年京汉铁路全部通车后，在铁路中部就兴建了郑州机厂④。但该机厂规模与地位不如北边的长辛店机厂与南边的江岸机厂。

包惠僧等人回武汉后，通过凌楚藩介绍的工人，先与湖北帮的杨德甫和江南帮的黄桂荣、曾玉良等工人接触。杨德甫是凌楚藩的把兄弟，以为包惠僧与

① 包惠僧．包惠僧回忆录．北京：人民出版社，1983：70．

② 同①71．

③ 同①83．

④《中国中车志》编委会．中国中车志（1881—2015）．北京：中国铁道出版社，2017：46．

今武昌户部巷附近的民主路97号，是当年董必武的寓所，武汉共产党早期组织的第一次会议就在这里举行

武汉早期党组织机关旧址（武昌多公祠5号）

凌楚藩也很熟悉，自然很热情。曾玉良原名曾玉柱，1886年出生于江苏扬州邗江县一个贫苦佃农家庭，少时曾投师习武，练就了过人的臂力。1906年，曾玉良到武汉谋生，考入汉阳兵工厂当小工。1913年4月，汉阳兵工厂举行罢工，数千工人过江到武昌向总督黎元洪请愿，曾玉良在罢工中非常积极。不久后，曾玉良因为替受欺压的工人打抱不平，揍晕了监工，就逃回老家避难。1914年，曾玉良又回到武汉，考入江岸机厂，当了一名旋工，因躲避兵工厂报复，就用大哥曾玉良的名字换掉了本名曾玉柱。江岸机厂的工头和监工常用“印子钱”和“转子钱”等高利贷剥削工人，为了摆脱这种榨取，曾玉良就组织工友办了一个解难互助会，参加者定期交一点钱，集中管理，谁遇上困难就借给

谁。由于热心为工人办事，曾玉良成了江岸机厂江南帮中有影响的人物[①]。包惠僧与杨德甫、曾玉良等工人在得意楼吃酒，谈定在江岸机厂组织工人运动。几天后，一些江岸机厂的工人去拜访了包惠僧等人，杨德甫把福建帮的林祥谦引荐给了长江支部。林祥谦 1892 年生于福建省闽侯县尚干镇一个贫农家庭，14 岁那年进入马尾造船厂当钳工学徒。1912 年，林祥谦来到武汉，考入江岸机厂当钳工。1913 年，林祥谦回乡和贫农女儿陈桂贞结婚，婚后带着一大家子回到武汉，全家住在汉口福建街一间阴暗潮湿的茅草房里[②]。林祥谦性格和善，不吸烟、不喝酒、不赌博，一生没穿过绸缎呢绒的衣服，也没有穿过皮鞋。自己虽然节俭，但每遇到同乡同事急需用钱时，常典当衣物相助，又好打抱不平，仗义执言[③]。在江岸机厂的福建籍工人中，林祥谦也成了一个威信很高的领导。就这样，包惠僧和江岸机厂三大工人帮派的领袖人物都建立了联系，在该厂开展工人运动的时机到来了。在会谈中，中国共产党的同志们希望三大帮派和睦相处，发表了很多意见，工人们听了很感动。杨德甫最后表态："我们完全同意您们的意见组织起来，帮口不和睦是个事实，我们今天到场的人都要负责向我们的弟兄调和解释，我想不是甚么大不得了的事。"[④]然后，他们商定要成立京汉铁路江岸工人俱乐部，由中国劳动组合书记部介绍一个适当的人担任俱乐部的文书并负责联络工作，俱乐部成立以后再计划筹备京汉铁路江岸工会，并以江岸为起点向北发展，等各段各厂各站的工人俱乐部都组织得相当成熟时，就进行筹备京汉铁路总工会的工作。

正当长江支部需要选派一个人担任江岸工人俱乐部的文书和联络员时，一个叫项德龙（隆）的青年工人进入了党的视线。项德龙给《劳动周刊》寄了一封信，自称是武昌模范大工厂的纺织工人，是《劳动周刊》的读者，希望能当

---

① 武汉江岸车辆厂志编纂委员会．武汉江岸车辆厂志（1901—1993）（内部发行）．1996：74．

② 同①72．

③ 包惠僧．包惠僧回忆录．北京：人民出版社，1983：115．

④ 同③89．

林祥谦

面谈一谈工人运动问题。中国劳动组合书记部长江支部非常高兴，派包惠僧接见。项德龙对包惠僧介绍了他的家世，自称是武昌人，父亲是个穷书生，死得早，自己和妹妹是靠母亲纺织刺绣拉扯大的。项德龙 15 岁从武昌私立日新学校毕业后，因为家里穷，不能升学，就考进武昌模范大工厂当学徒工，后来留厂工作。项德龙谈到了《劳动周刊》给他带来的思想触动："我今年已是二十岁的人了，不能养母育妹，母亲仍靠纺织刺绣以自活，妹妹以前捡了几年破烂，现在也在上小学。我每天工作时间在十个钟点以上，规定星期日休假，但有时还要加班，休假就没有工资，所以一般工人谁也不争取休假，工厂的黑暗，工人的痛苦是太多了。我自从读了《劳动周刊》，知道中国工人也要组织起来，也有工人自己的团体，我愿意从这方面来努力，我希望您指导我如何造就自己，如何参加工作。"[①] 包惠僧当时对项德龙就很满意，后来又考察了一段时间，便把项德龙介绍给江岸机厂的工人们，聘他为工人俱乐部筹备委员会的文书。这个项德龙，就是后来新四军的创建人和主要领导人之一项英。项英实际上担负起了筹办工人俱乐部的主要事务。

江岸工人俱乐部筹备处的办公地址设在江岸龙王庙，挂出的是"京汉铁路江岸工人俱乐部"的招牌。林祥谦等工人骨干把组建俱乐部的事报告了江岸机厂的法国厂长杜拉克，杜拉克称工人俱乐部在法国极为平常，没有表示反对。工人们就把俱乐部的活动作为合法活动，包括象棋、围棋、军棋、乒乓球、篮

① 包惠僧．包惠僧回忆录．北京：人民出版社，1983：91–92．

球、京剧、讲演各组。项英还办了一个业余夜校，由他自任教员。在夜校中学习的以地位最低的小工居多。在工人没有组织起来以前，小工动不动要被其他工人打骂。自从项英开始组织活动后，工人受到阶级教育，工匠对于小工也称哥道弟，客气起来了，小工与工匠、工务员、工程师常在一起坐着，一起活动，地位无形中提高了[①]。江岸机厂红色基因的形成，就从工人们消除地域差别意识和等级差别意识开始。对此项德龙可谓居功至伟，他于 1922 年 4 月加入了中国共产党，并从那时起把名字从项德龙改为项英。

1922 年 1 月 22 日，在江岸刘家庙的老君殿召开了京汉铁路江岸工人俱乐部成立大会，到会的有八九百人。除工人外，江岸机厂厂长杜拉克、江岸工务厂、机务段、车站等大小铁路单位的负责人及部分员司都到会表示祝贺。会场正中高悬着"劳工神圣"的红漆匾额，两边挂着"劳动创造世界，机器巧夺天工"的对联。执行主席杨德甫报告了俱乐部成立的宗旨："本俱乐部之成立，全是各工友努力的结果。以后还盼望大家更发努力，互相辅助，共谋进步。我们俱乐部的宗旨是：保证生活；增高人格；改良习惯；所以成立这个俱乐部，于我们大家是极有利益的。大家为大家利益计，为个人利益计，都应该好好辅助这个团体，发展这个团体，这是我们所希望的，想必也是大家所希望的。"[②]中国共产党的代表以《谁是工人之友》为题发表讲话，指出真正的工人之友"莫过于马克思和列宁"[③]。包惠僧回忆道："我代表劳动组合书记部和《劳动周刊》，介绍了全国各地工人组织工会的情况。当时是中国工人运动的启蒙时期，还在'组织起来'的阶段，所以还没有提出'阶级斗争'与'无产阶级革命运动'的问题。"[④]大会推选杨德甫任俱乐部主席，林祥谦任财务干事，项英为文书，聘请施洋为法律顾问。当年 5 月 1 日，俱乐部发出通告，改名为京汉铁路

---

① 包惠僧．包惠僧回忆录．北京：人民出版社，1983：94．

② 中华全国总工会中国工人运动史研究室．中国工运史料：第一至八期：上．北京：工人出版社，1984：548．

③ 武汉江岸车辆厂志编纂委员会．武汉江岸车辆厂志（1901—1993）（内部发行）．1996：45．

④ 同①96．

江岸工人俱乐部南段总部，标志着工人组织的进一步壮大。以俱乐部为掩护，武汉地区的党组织积极在铁路工人中发展党员，建立党的组织，江岸机厂的林祥谦、周天元等工人先后入党。在长江岸边，中国共产党播撒下的革命火种迅速蔓延。此时，中国纵横交错的铁路线上，代表着工业文化的铁路机厂，也成为了红色文化的重要发源地，一场红色风暴即将刮起。

综观 1921 年前后的中车历史，可以很明显地看到，中车工人在五四运动中正式登上历史舞台，发挥了重要的历史作用，而在中国共产党的领导与组织下，中车的红色基因在若干早期实体中形成了。铁路工业在经济上具有战略性，而中车在政治上也被新生的中国共产党所看重。因此，中车红色基因形成的一大特点，是这一红色基因直接由中国共产党塑造，是在中国共产党诞生之初组织工人运动、领导工人斗争的探索中逐渐形成的。在中车工人中，不仅产生了一些当地最早的中国共产党员，还产生了王荷波等党的早期领导者。中车的红色基因也因此与融入了中国共产党的初心，并融入企业文化之中。

第四章 红色风雷

从 1922 年 1 月开始，到 1923 年 2 月，中国共产党领导的工人运动形成第一次高潮，前后持续时间达 13 个月之久，其间爆发罢工斗争 100 多次，参加罢工的工人达 30 万人以上，大部分斗争都是党组织或党领导的工会组织直接发动的[①]。在这次工人运动高潮中，以中车工人为主体的铁路工人勇立潮头，而中车的红色基因也在斗争中得到巩固与强化。1923 年的二七惨案标志着这次高潮的结束，而中车的红色基因是用烈士的鲜血染红的。二七惨案后，中国共产党积极推进国共统一战线的建立和发展，形成了新的革命局面。在 1924 年至 1927 年的国民大革命中，中车工人在中国共产党的领导下，再次成为红色先锋，在风云变幻的大时代里发挥了自己的作用。然而，由于国民党右派的背叛，轰轰烈烈的大革命失败了，中国共产党开始探索工农武装割据这一新的革命道路，毛泽东提出了农村包围城市、武装夺取政权的战略思想。在中国特殊

① 中共中央党史研究室．中国共产党历史：第 1 卷，1921—1949：上册．北京：中共党史出版社，2011：85.

的国情之下，中国革命战争进入以农村为中心的新阶段，城市工人运动转入地下斗争。但是，中车的红色基因已经形成，红色的火种在漫漫长夜中不会熄灭。为有牺牲多壮志，敢教日月换新天。经过艰苦卓绝的斗争，中国共产党终于领导中国人民，建立了中华人民共和国，迎来了遍地红旗招展的那一天。中国中车，也将迎接新的历史使命。

红色联动

铁路机厂因是20世纪前期中国最先进的工业产业，并集中了大量产业工人，而受到中国共产党的高度重视。与此同时，铁路交通的发展，也方便了中国共产党利用铁路线路组织工人运动。随着长辛店、唐山、浦镇、济南、江岸等关内铁路重要节点上的机厂陆续形成红色基因，红色文化也沿着铁路传播，最终形成声势浩大的红色联动，迎来了中国共产党领导的工人运动的第一次高潮。

在中车各早期实体进行红色联动的过程中，密查员制度发挥了很大作用。邓中夏早在1930年就于《中国职工运动简史1919—1926》中介绍了密查员制度。1922年，直系军阀吴佩孚在直奉战争中获胜，交通系内阁倒台。吴佩孚为了收买人心，通电发表四大政治主张，其中之一便是“保护劳工”。同时，吴佩孚知道交通系深耕铁路系统，又知道中国共产党是铁路上的新起力量，就想利用共产党铲除交通系。这自然只是军阀的如意算盘。但审时度势的李大钊看到这是一个壮大党的力量和发展工人运动的机会，就向吴佩孚内阁的交通部总长高恩洪建议在每一条铁路上派一个密查员，得到了允许。这批密查员分布于京汉、京奉、京绥、正太、津浦这5条铁路，都是李大钊推荐的，包括张昆弟、何孟雄、安体诚、陈为人、包一宇，为了不暴露身份，他们都使用化名[①]。这些密查员可以免票在铁路上乘车而不用花钱，还领有百元以上的薪水，除一定的

① 包惠僧．包惠僧回忆录．北京：人民出版社，1983：98．

生活费外，其余收入全部交给党，这对于当时资金紧张的工人运动来说，非常珍贵。对中国共产党来说，密查员的名单不对外公布，表面上是揭发交通系铁路职员营私舞弊的罪状，并写成报告提交直系军阀的交通部，实际上是以此为掩护，在工人群众中活动，帮助工人组织俱乐部和进行斗争。而且，这些密查员对交通部来说是有固定的人名，但各铁路可以换人，就大大便利了党的工作的开展①。据包惠僧回忆，这 5 名密查员在交通部任职约有 11 个月的时间，大部分时间是在铁路上，各站、各厂差不多都跑遍了、走熟了，建立了广泛的工人俱乐部组织。此外，在陇海路上也有一名负责人，叫李震瀛，工作重点是开封与洛阳，但他不是交通部职员，往来全路各处受到一些限制。尽管李震瀛也做了不少工作，但陇海铁路工人组织的面貌，始终是维持员工俱乐部而非工人俱乐部的状态②。由此可见，1922 年开始掀起的铁路工人运动高潮，离不开早期中国共产党员作为密查员在铁路上的活动。

在密查员制度中，中国共产党并没有被吴佩孚利用。包惠僧称：密查员们在交通部里守口如瓶，不同任何人扯上关系，只求能够在铁路上进行工作。高恩洪以总长之尊，常常召见他们，有时还将他们约到家里询问情况，但密查员们并不能完全满足他的要求③。邓中夏则写道，中国共产党并不因为怕遭到吴佩孚的疑忌而束缚自己的行动，还教育工人反对军阀："奉直战争以后吴佩孚想企图影响工人，甚至于制造自己的肖像徽章发给京汉铁路北段的工人，说工人帮助战争有功。是的，堂堂'大帅'赠送'下等社会'人以徽章，这算是破天荒的第一次。当时确有不少的工人把大帅的徽章佩带起来，引为荣耀，我们怎样办呢？我们向工人宣传：'吴佩孚也是军阀，工人佩带军阀的肖像，是可耻的。'这样一来，工人就不佩带了，有带者必受同伴的耻笑或捽毁。"④中国共产

---

① 邓中夏．邓中夏全集：下．北京：人民出版社，2014：1366–1367．

② 包惠僧．包惠僧回忆录．北京：人民出版社，1983：99.

③ 同②98.

④ 同①1367.

1922 年“八月罢工”时，工人代表驾驶轨道车前往北京谈判

党的坚定性与战斗性于此可见一斑。

1922 年 8 月 24 日长辛店机厂的“八月罢工”，是中国共产党领导的北方铁路罢工潮的起点[①]。这次罢工由邓中夏亲自领导，在罢工前，先后建立了 400 人的纠察队、40 多人的讲演团和打探消息的调查团，参加罢工的工人达 3 000 多人。邓中夏为工人们所写的《京汉路长辛店工人俱乐部罢工宣言》首先解释了长辛店工人俱乐部“专为工人求幸福，争自由，谋得工人应享的权利”的宗旨，然后说明了俱乐部组织罢工的具体原因：“我们为要求革除无端虐待我们的人们火车房总领班郭福祥，电务科长黄绵锦，书记王龙山，机务处电汽厂司事谈荫棠，科长徐家楣等五人，该五人平日对于工人之虐待欺骗苛罚刻扣等恶劣手段，罄竹难书。使我们不驱逐他，处在他的淫威之下，永无安宁之一日。我们已将他的罪恶，一一呈报铁路当局，当局竟不允许我们的要求。我们迫不得已，只得停止工作。”[②] 接下来，宣言列出了工人的 8 条要求：

（一）厂中日后上人革人，均要通过工人俱乐部委员会，厂内司事概

① 邓中夏．邓中夏全集：下．北京：人民出版社，2014：1368.

② 邓中夏．邓中夏全集：上．北京：人民出版社，2014：187–188.

不得私行荐人。

（二）长辛店工人，有入厂十余年或七八年未有加过一次工薪者，值此米珠薪桂之际，工人之苦况艰难，前者姑毋论矣，从今起，如没有增工薪，应立即增加。

（三）短牌工人，凡作工够二年者，均应改为长牌。

（四）司机工人的头等工资，应作工多少年才能得到，请当局明白布告。

（五）此次奉直战争升火，工人开赴前敌者，倍受辛苦，出入枪林弹雨之中，性命几不保，应每人增薪一级。

（六）北京、琉璃河、高碑店、保定等处，应由当局盖立官房，以便行车工人休息，以免流离失所之病。

（七）长辛店工人甚多，几无宿地，铁路当局应该盖设官房，以便工人住宿。

（八）凡工人因公受伤者，在患病期间，应该发给工薪。①

这次罢工使长辛店机厂全厂停工，南北交通断绝，机车消火放汽，但由于组织得当，旅客得到了工人们的妥善安排，车站秩序亦井井有条。后来虽有军队干涉威胁，但工人们毫不畏惧。罢工坚持 2 天后，路局就屈服了，批复了工人俱乐部提出的所有条件，罢工取得了完全胜利②。长辛店工人俱乐部的罢工，对中国共产党领导的铁路工人运动第一次高潮来说，有首战告捷的意味，极大地鼓舞了其他各厂、各路后续的斗争。邓中夏特别指出："中段与南段的工人并未参加罢工，然而罢工胜利的条件，连带使中段南段的工人亦得增加工资，不消说，这使全路工人发生休戚相关的深刻印象。这就可以解释统一全路总工会为什么首先成为京汉铁路工人的迫切要求，以至于为了成立总工会，不惜与

① 邓中夏．邓中夏全集：上．北京：人民出版社，2014：188.

② 中车北京二七机车有限公司．大道无疆：纪念中车北京二七机车有限公司 120 华诞．北京：中国工人出版社，2017：62.

军阀搏战，作最大的牺牲。”[①]

长辛店机厂工人的胜利，感染了其他铁路工人，罢工很快发展壮大起来。

9月8日，粤汉铁路武长段因监工虐待工人而举行全路罢工，共计罢工27天，以监工被查办、工人要求被承认并增加工资而获得胜利[②]。中车在粤汉铁路上亦有武昌机厂，但因规模很小，而没有成为工人运动主力。

10月4日，京奉铁路山海关机器厂工人罢工，工人要求革除工头，改善生活。罢工持续了8天，火车未停，但路局答应了工人提出的条件。山海关机器厂成立于1894年，是中国中铁的发源地，与中国中车同属于铁路系统的工业企业。当时，王尽美在该厂领导工人运动，组建山海关京奉路工友俱乐部，在发布于报纸上的《山海关工人宣告罢工真相》提出的条件即包括“当局须要正式承认本俱乐部为正当团体”，以及“罢工事过，无论俱乐部职员或部员，不得借端开除；若犯大过必须开除时，也要先通过本俱乐部”[③]。有了王尽美的努力，山海关机器厂与中车的机厂产生了密切联系。中车唐山厂就与山海关机器厂约定同时罢工，但因来不及准备而延迟了。

在唐山方面，8月底时，邓中夏就曾到唐山会见工人代表，报告全国罢工形势，鼓励工人斗争。9月13日，中车唐山厂的邓培代表全厂工人向厂方和路局提出了改善生活待遇的5条要求，限3日内答复，同时在报纸上也发表了宣言，要求各地工人声援。工人们提出的条件主要包括加薪、发给战争抚恤金、与司员待遇平等等方面。9月14日，邓培与王麟书等4人与京奉铁路机务处副处长兼唐山制造厂副厂长孙鸿哲谈判。据记载，孙鸿哲态度傲慢，始则恐吓工人不要闹事，继则诓骗工人：“二十年前我曾在英国留学，知道欧洲国家工人是没有八小时工作制度的，你们切莫误听了！”邓培挺身反驳：“总管你平日不看报吗？分明是法国维尔萨和会议，国际劳动会议，已将八小时案通过。以班格孟沙那样顽固，也不说个‘不’字。你没有看见吗？”这番话反问得孙鸿

①② 邓中夏．邓中夏全集：下．北京：人民出版社，2014：1369.

③ 王尽美．王尽美文集．北京：人民出版社，2011：55.

哲张口结舌[①]。这里的班格孟沙是指带领法国打赢第一次世界大战的“老虎”总理克里孟梭。邓培以其掌握的国际知识将了瞧不起工人的留学生孙鸿哲一军，这也充分说明了中国共产党对工人进行文化与政治启蒙的重要性。当天下午，邓培在工厂门前空地召开大会，全厂 3 000 余名工人全部到会，旁观者亦拥挤，场面壮观。邓培问工人们：“昨天向机务处提出要求，限三日答复。今日面见副处长交涉，未得允准，我们应取何种态度？”工人们异口同声回答：“以最后手段——罢工——对待！”然后邓培就请长辛店和山海关铁路的工人代表登台发表演说，介绍经验。最后，全场工人三呼“劳工万岁”后散会。9 月 15 日，不顾军警威胁，邓培组织了示威活动。当天午后 14 时，全厂工人齐集于厂门口，人丛中设演说台，四面排列纠察队。示威活动首先由工人代表揭露厂方在交涉条件时蛮不讲理的态度，然后由工人自由演说。军警见状，不敢干涉，孙鸿哲也赶紧托人向工人说好话，称工人的条件有商量余地。京奉铁路当局迫于全国的罢工形势，于 9 月底贴出布告，答应了工人的部分要求，但这并不令工人满意[②]。罢工仍在酝酿中。

10 月 1 日，罗章龙被派来唐山，与王尽美和邓培组成最高党团，负责领导唐山和山海关两地工人的罢工斗争。山海关方面条件更成熟，就先行罢工。10 月 12 日，厂方仍拒不答应工人的全部要求，但山海关传来了罢工胜利的喜讯，中共唐山地委和邓培遂根据中国劳动组合书记部的意见，决定唐山厂于 10 月 13 日举行罢工。当天晚上，中共唐山地委召开了紧急会议，通过了罢工宣言，决定成立罢工事务所，选举邓培、王麟书、刘玉堂等 25 人组成罢工委员会，推选邓培为委员长。罢工委员会下设组织、宣传、文书、总务、财务、护厂、外交、募捐等股，任命 32 名工会积极分子担任各股干事。罢工委员会还组织了 1 000 多人参加的纠察队，由刘玉堂任总队长。为了保护工人家属，防止敌人报复，罢工委员会还决定组织守望队。一切布置妥当后，10 月 13 日凌

① 唐山机车车辆厂志编审委员会．唐山机车车辆厂志．北京：中国铁道出版社，1999：322.

② 同①322–323.

1922 年京奉铁路唐山厂大罢工场景

晨 5 时，工人纠察队就在工厂门口布岗，上午 7 时 40 分，全体工人按时进厂，邓培派刘玉堂用 25 分钟时间跑遍全厂，向工人群众宣布罢工委员会的决定。工人们立即将厂房锁好，在窗户上贴上封条，然后在工人代表的带领下走出工厂[①]。唐山厂的大罢工正式开始了！

罢工开始后，邓培委派刘玉堂向厂方递交了中英文罢工宣言，同时向吴佩孚和京奉铁路局局长水均韶发出 5 封快邮代电，申述工人的正义要求，并向京奉、京汉、京绥、津浦等铁路工会共发出 20 封快邮代电，报告罢工情况，请求支援。在罢工宣言中，唐山厂工人除了之前提出的 5 条要求外，又新增了 6 项条件：

（一）铁路当局应当承认职工会有代表工人之权限。

（二）以后厂中雇用和开除工人，须经过职工委员会通过。

（三）铁路当局在适当地点建筑工人居住房屋和工人俱乐部，并须设备自来水、电灯。

（四）工人因公受伤或年老不能工作时，须养其终身，并照常发给薪金。工人死亡时，须发给恤金，一年工龄的发给两个月工资；二年工龄的发给四个月工资，余此类推。

---

① 唐山机车车辆厂志编审委员会．唐山机车车辆厂志．北京：中国铁道出版社，1999：323–324．

（五）消灭大包工制度。

（六）罢工时间照常发给工资。[①]

这些新增的条件中，包括要求当局承认工会，以及赋予工会在工厂人事管理上的权力，具有明显的政治色彩，不同于以往单纯的经济斗争。这也是中车红色基因形成后，中车工人在中国共产党领导下进行斗争的新特点。京奉铁路当局自然不愿意就范，当天就对工人进行恐吓，接着，天津与河北的军警开赴唐山，意图镇压。10 月 14 日，驻防滦县的陆军第十五师调出一个营抵达唐山厂，要求开进工厂，遭到工人纠察队阻挡。几百名士兵与工人纠察队在工厂门口对峙起来。邓培在罢工事务所和罢工委员会的几个委员分析了形势，说："军方的武力压迫，我们一定要顶住。长辛店工人的罢工能够胜利，重要的一条就是不怕武力压迫。告诉工人群众，要沉住气。"在邓培等人的领导下，军阀部队的武力威胁没有吓倒工人。就在此时，罢工委员会派往长辛店进行联系的代表罗占先，在完成任务回唐山时，于丰台被捕，被押送到了天津警察厅。消息传回唐山厂后，群情激愤，于是，工人们在原有要求外，又增加一条："立即释放代表罗占先。"[②]

10 月 15 日，京奉铁路局派庞士清等 3 人到唐山厂谈判，罢工委员会则派出邓培、王麟书等 7 名代表。据记载，双方交锋激烈。庞士清恐吓工人代表："如果谈判不成，我们将要采取办法！"邓培顶了回去："你们有办法，我们更有办法！如果你们不答应条件，我们就是不让车轮转！再不答应，我们就叫全京奉路的车轮不转。先停小快车，再停慢车！"庞士清挑衅道："你们罢工数日，生活怎么办？"邓培答道："我们有唐山各厂矿工人兄弟的支援！有全国工人兄弟的支援！"庞士清又问："如果延长下去怎么办？"邓培有力地答道："还有全国人民的支援！有南洋各国华侨兄弟的支援！"庞士清无话可说，只好答应把条件带回去研究研究。邓培警告说："你们延长一天，我们就要增加

---

① 唐山机车车辆厂志编审委员会．唐山机车车辆厂志．北京：中国铁道出版社，1999：324.

② 同①325.

一个条件！”路局和厂方又找来军警，以“调停”为名，胁迫工人复工。邓培坚定地回应：“所提条件必须答复，不达目的，罢工就一直坚持下去！”[①]谈判陷入僵局，工人继续罢工。

为了破坏罢工，厂方想了种种方法，试图对工人进行分化，但都没能得逞。例如，孙鸿哲用提级涨薪的手段，收买了火车房的领班和20多个工人不参加罢工，并宣称谁复工就给谁涨工钱。邓培召集罢工委员会开会，决定严惩工贼。他命令工人纠察队封锁了火车房，使叛徒在里面得不到饭吃。英国监工千方百计想把食物偷带进去，都被工人纠察队查出扣留。孙鸿哲遂命令用小火车头向火车房送饭，又被工人纠察队发现，1 000多名工人赶来，将火车房包围起来。邓培闻讯后，及时赶到现场，指挥斗争。工人纠察队喝令开小火车头的司机停车，那个工贼不理。刘玉堂一声呼喊，大批工人立刻躺在铁轨上，接着又围上一大堆人，把小火车头围得水泄不通，将其逼停。小火车头一停，工人纠察队立刻冲上去，搜出食物，全扔在地上给狗吃了。工贼们依旧饿着肚子，此后他们也无法再去上班了。孙鸿哲无计可施，竟向厂里的美国驻兵求救，美国兵荷枪实弹，赶到火车房，驱散工人。邓培派人致函美国兵营，提出严正抗议，要求他们不得干涉中国人的事，并警告说：“如不及早撤退，则激出暴动，当由贵长官负责。”罢工委员会又发表了第三次宣言，控诉了孙鸿哲的种种罪行，要求开除破坏罢工的工人。罢工队伍依旧保持着团结。由于罢工坚持了数日，有的工人家庭生活发生困难，孙鸿哲就收买了工厂附近同兴酒店老板的两个儿子，让他们每天举着两块牌子，一块写着“工能致富”，一块写着“平安是福”，在工厂附近游行。英方管理人员还在厂门口用两个大喇叭对工人狂吼乱叫。这导致少数工人产生动摇情绪。邓培及时组织工人骨干在群众中进行思想教育，提出“决不虎头蛇尾”“一定坚持到底”。在唐山厂罢工后，长辛店、山海关、秦皇岛、郑州、济南等地铁路工人和香港海员工人进行了捐款，罢工委员会及

① 唐山机车车辆厂志编审委员会．唐山机车车辆厂志．北京：中国铁道出版社，1999：325.

时把这些捐款分发给工人。委员会又发动工人同舟共济，把自家的粮米送给有困难的工友。这样，工人和家属的情绪又安定下来，罢工斗争继续坚持[①]。

无可奈何的孙鸿哲竟试图收买邓培，被邓培严词拒绝。恼羞成怒的孙鸿哲就勾结唐山军警当局阴谋逮捕邓培，指示工厂的警务段侦察邓培的行踪。邓培为了躲避军警的搜捕，常常一夜搬几次家。有一天中午，邓培正准备去宋谢庄的王麟书家，在路上发现身后有人跟踪。他当机立断，走进王麟书家对门的一家棚铺里，脱下外衣，装成扎纸工人，蹲在墙角糊纸马。便衣侦探进门就问："刚才进来的人哪里去了？"邓培从容地说："从后门走了，快追！"那个便衣连忙从后门冲出去，自然无所寻获，不一会儿又转回棚铺，问邓培叫什么名字，邓培糊弄他说"叫孙信"，那个便衣就叫邓培给他送情报，并监视邓培和王麟书，还留下一张名片，上面写着"孙信有事随便出入"几个字。邓培将计就计，收下名片。此后，在一次军警当局搜查工会活动地点时，邓培就是用这张名片脱身的[②]。中国共产党就是这样和敌人斗智斗勇，领导着工人斗争。

唐山厂的工人们坚持罢工 8 天后，路局熬不住经济损失，终于让步，由唐山警察局局长和京奉路局总稽查出面谈判，与罢工委员会达成了 9 条复工协议：

（一）罗代表在津急速放归。

（二）工人年龄加薪，应准一律加薪，惟在年龄二十一岁以上，以 3 角 6 分为标准，学徒以 2 角 5 分为最低。

（三）每年两星期例假工资一节，用记假办法，应给两星期的工薪，年终发给。

（四）特别加薪，另案处理。如十余年未加薪者，应普遍加薪等，斟酌办理在案。

（五）建筑俱乐部，须俟本路局财政充裕，或由该工匠等自行成立，路局酌量补助之。

---

①② 唐山机车车辆厂志编审委员会．唐山机车车辆厂志．北京：中国铁道出版社，1999：326.

（六）旧包工制度不善，要求照前薛总管课工包工办法，查明核办，候商同外人，缓为筹办。

（七）裁减人员，并无事实；如无过失，当然不得借故开除。

（八）罢工薪水一律照给，但须承认开工。

（九）开工期限，定于即日照常开工，先放自来水、电灯，至迟不得过晚五点钟。[①]

复工协议保护了工人骨干，改善了工人的经济与待遇，也承认了工人俱乐部的合法性，唐山厂工人的大罢工取得了胜利。10月20日，邓培赴天津，代表罢工委员会与路局签订了复工协议。10月21日，工人正式复工。唐山厂的这次大罢工，在1922年中车工人的罢工斗争中，具有典型性与代表性。

京绥铁路的南口机厂，自何孟雄帮助组织工业研究所这一工人团体后，工人斗争就高涨起来。1922年8月，在何孟雄领导下，工人代表向厂长侯景飞提出开除监工毛有德的要求。侯景飞企图拖延敷衍，何孟雄就在北京的报纸上刊登要求驱逐毛有德的文章，揭露毛有德欺压勒索工人的罪行，指出不达目的就罢工。到了9月初，毛有德诬陷工人要偷煤，把30多名工人的面口袋全部扔到锅炉里，激起了工人的极大愤慨，何孟雄就立即召开全厂工人代表会议，发动全厂工人统一行动。工人们包围了厂长室，工人代表向侯景飞提出“开除毛有德、赔偿工人损失、向工人道歉”这3个条件，表示不答应条件就全体罢工，侯景飞不得不答应了工人的要求，把毛有德开除了[②]。尝到初次胜利的喜悦后，全厂几百名工人在锅炉房召开了建厂以来的第一次群众大会，由工人会长高继福宣读了致路局的6条要求，包括增长工资、八小时工作制、每年给一次双薪等。大会选出代表赴京谈判，不料第一次谈判遭到路局的拒绝。何孟雄鼓励工友们增强信心，指出只要团结一致就一定能胜利。第二次谈判时，何孟雄

① 唐山机车车辆厂志编审委员会．唐山机车车辆厂志．北京：中国铁道出版社，1999：326–327．

② 铁道部南口机车车辆机械工厂．铁道部南口机车车辆机械工厂厂史（初稿）（内部发行）．1984：35–37．

何孟雄

组织了京绥路的精业研究所、车务同人会和张家口分机厂的代表一起参加，约定好，如果局方不答应条件，就举行全路大罢工。在此形势下，局长被迫签字同意工人的条件，但提出每个月休息 4 个周末改为休息 2 天，而对小工升工徒一项只答应考虑。工人谈判代表们接到何孟雄“见好就收、以后再斗”的指示精神，结束了谈判，回到南口。未曾想到，厂长侯景飞拒绝履行局长与工人达成的协议，还借口路局工资都要缓发，无法加薪。工人代表要求到路局找局长对质，侯景飞怕工人不干活，答应亲自到路局交涉，让工人听候答复。何孟雄了解情况后，就派交际委员刘恩荣也去北京，暗地监视侯的行动，却发现侯景飞没有亲自赴京，只派了一名刘姓亲信去办理。刘恩荣借故与那名亲信吃饭，在酒后不仅套出了厂方与路局统一口径不给工人加薪的真相，还得知侯景飞打算从全厂工人工资中每人扣 1 毛钱，给侯母筹办寿礼。刘恩荣连夜返回南口，向何孟雄汇报了情况。第二天，愤怒的工人包围了厂长室，高喊“打倒侯景飞！”等口号，侯景飞不敢露面，他的刘姓亲信被工人痛打了一顿。结果，侯景飞被调离南口机厂，路局也被迫按原条件给工人加了薪[①]。10月 27 日，京绥铁路全路车务工人罢工 2 天，要求增加工资，改良待遇，参加者千余人，取得了胜利[②]。南口机厂工人在京绥铁路工人的斗争中，发挥了先锋作用。

① 铁道部南口机车车辆机械工厂．铁道部南口机车车辆机械工厂厂史（初稿）（内部发行）．1984：43–44．

② 邓中夏．邓中夏全集：下．北京：人民出版社，2014：1369.

1922 年 10 月 8 日，石家庄正太铁路工业研究会传习所成立大会

张昆弟

1922年的七八月间，李大钊派张昆弟以密查员身份到石家庄机厂，领导工人斗争。不久，又增派共产党员刘明俨到该厂常驻，开展工人运动。长辛店罢工取得胜利后，石家庄机厂的工人施恒清就去长辛店取经，回厂后向工友们进行传达，极大地鼓舞了石家庄机厂的工人群众①。9月3日，石家庄机厂近百名工人在复元堂公所召开露天大会，决定退出由工头控制的工业研究会，另外成立同义俱乐部。9月4日，同义俱乐部300多名会员在西横街北口空地召开选举大会，选出俱乐部各科主任及各厂总组长。由于官署不予立案批准，俱乐部就更名为石家庄正太铁路工业研究会传习所，这才取得石家庄警察局批准，获得了公开活动的合法身份。传习所以西横街北口路东租房11间作为会所。10月8日，传习所在同乐戏院召开了成立大会，会长为滕邦忠，副会长为孙云鹏，秘书为刘明俨。12月上旬，中国劳动组合书记部增派共产党员贾纡青、吴先瑞到石家庄机厂，将传习所改名为正太铁路总工会，但警方未批准。正太铁路总工会的18名委员均系石家庄机厂的工人，下设石家庄、阳泉、太原3个分工会。总工会委员长为滕邦忠，副委员长为孙云鹏，秘书为贾纡青。石家庄分

① 中车齐车集团有限公司．红色齐车（内部发行）．2020：128.

正太铁路总工会会徽

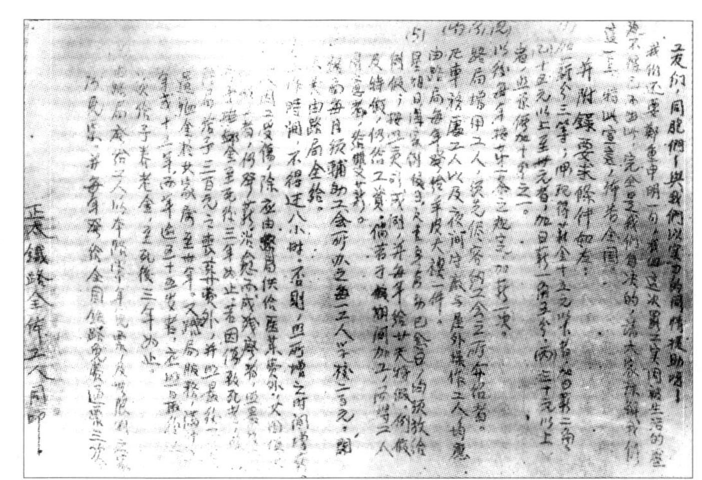

1922 年 12 月 15 日，正太铁路工人发出的正太铁路罢工宣言

工会委员长是施恒清，吴先瑞任阳泉分工会秘书，刘明俨与贺昌任太原分工会秘书。此前，施恒清已于 11 月经张昆弟介绍，加入了中国共产党。在组织妥当后，12 月 15 日，正太铁路举行了全线罢工，罢工 12 天，争得 14 项条件[①]。在这次斗争中，初次领导罢工的张昆弟担心自己没有经验，怕失败，特意从石家庄赶到唐山，向罗章龙汇报了罢工的准备情况，并邀请罗章龙等到石家庄指导罢工[②]。罢工斗争中，石家庄机厂年轻的工人陈梅生担任了纠察队组长。陈梅生 1900 年生于石家庄市花园村，1919 年进入石家庄机厂，从事修车工作。张昆弟到石家庄机厂开展工作后，性格质朴豪爽的陈梅生，自愿加入传习所，成为积极分子。身怀武艺的陈梅生在罢工中与纠察队员们日夜巡逻，保护工人，防止厂方破坏罢工。机厂的法国管理层曾想用大笔银元收买陈梅生，陈梅生不为所动，下班后在厂门口，当着工人们的面，把银元撒了一地，并痛斥法国管理层的卑鄙伎俩。目睹了这一壮举的工人们都称他为“不要银元的陈梅生”[③]。

---

① 中国南车集团石家庄车辆厂志编审委员会．历史铭记着：中国南车集团石家庄车辆厂大事记（1905—2001）（内部发行）．2002：5–6．

② 中车齐车集团有限公司．红色齐车（内部发行）．2020：120–121．

③ 同②138–139．

1928年，中共石家庄市委开始组建，陈梅生担任了第一任市委书记。在正太铁路大罢工中，中车石家庄机厂的工人起了骨干作用。

1922年，中车工人还进行了其他斗争。天津机厂在当年初组建了该厂第一个工会组织"津浦路机务同仁参考机件联合会天津分会"，由姚庭芝任会长。8月，经路局各工会的联合交涉、谈判、斗争，路局被迫同意工人要求，实行8小时工作制、节假日及病假照发工资、年终发花红（双薪）、工人每年准买3吨廉价煤等①。与此同时，1921年末至1922年初，罗章龙被派到大连地区开展活动，结识了沙河口铁道工场的进步工人傅景阳，向他宣传马克思主义关于工人运动的理论和党的工运方针、政策②。罗章龙还深入哈尔滨厂了解情况。1922年5月，哈尔滨厂工人持续罢工达1个月之久③。年轻的中国共产党开始在中车位于东北的早期实体里，打造红色基因。

1922年12月，长辛店工人组织了讲演团，进一步推动工人斗争。当时的报纸记载："现在国内各铁路的工会，虽说是都有了组织，但对于工友们直接的训练上，恐怕是还有很大的缺憾呢！所以长辛店工人俱乐部近来开会议决，要组织一个讲演团，招集工厂各科之工人，火速加入这个团体，使工友们确实了解自己所占的地位，得点充足的智识和良善的方法，以期巩固工人团体的势力，并预备阶级作战的工具，好消灭那班不劳而食的生命。兹于十二月十二日晚七时半，在工人俱乐部举行开幕。"④从报道看，长辛店机厂的工人还是讲演团的主体。中车工人在斗争中一马当先。

1923年，中国铁路工人斗争不仅没有平息，反而不断掀起新的高潮。1923年1月9日，浦镇机厂的工人联合浦口码头工人共2 000多人，为增加工资举

---

① 该书编委会．百年风云录：纪念天津机辆轨道交通装备有限责任公司100年华诞（内部发行）．2009：15.

② 工厂简史编委会．大连机车车辆厂简史（1899—1999）．北京：中国铁道出版社，1999：49.

③ 李广健．哈尔滨车辆厂志（1898—1995）．哈尔滨：哈尔滨出版社，1998：25.

④ 中华全国总工会中国工人运动史研究室．中国工运史料：第一至八期：上．北京：工人出版社，1984：589.

行了罢工，并取得胜利[①]。当月底，浦镇机厂的王荷波代表津浦铁路总工会筹委会，赴郑州参加京汉铁路总工会成立大会。中车工人斗争的高潮，以及一场震撼时代的大风暴，就要来临了。

 血色二七

京汉铁路是纵贯中国南北并连接政治中心的大动脉，战略价值非常高。中国共产党组织工人运动，对京汉铁路也格外重视，不仅在线路南北两端的铁路机厂领导工人斗争，还在线路中间的郑州开展工作。1922 年的斗争，将在 1923 年迎来高潮。

1922 年 12 月，中共中央制定了《对于目前实际问题的计划》，指出铁路工人、海员、矿工在中国工人阶级中是“三个有力的分子”，在全国总工会成立以前，要先成立这 3 个产业的联合组织，作为工会运动的中坚。当时，在已经建立的铁路工会中，京汉铁路沿线工会的工作基础较好，至 1922 年底，京汉铁路各站已经建立 16 个工会分会，广大工人也迫切要求建立全路统一的工会组织。因此，京汉铁路总工会筹备会决定于 1923 年 2 月 1 日在郑州召开京汉铁路总工会成立大会。1923 年 1 月底，参加成立大会的代表和来宾全部抵达郑州。出席大会的除了京汉铁路各工会分会代表 65 人外，还有京奉、津浦、道清、正太、京绥、陇海、粤汉等铁路的代表 60 多人，汉冶萍总工会和武汉 30 多个工会的代表 130 人，北京、武汉的学生代表和新闻界人士 30 多人。中共中央及党的有关组织高度重视这次大会，派出参会的有中共中央执行委员、中央特派员张国焘，中共武汉市委书记陈潭秋，中国劳动组合书记部副主任罗章龙，中共北京地委委员包惠僧，中国劳动组合书记部武汉分部主任林育南等[②]。

---

① 《南京浦镇车辆厂志》编委会. 南京浦镇车辆厂志（1908—2007）. 北京：中国铁道出版社，2008：15.

② 中共中央党史研究室. 中国共产党历史：第 1 卷，1921—1949：上册. 北京：中共党史出版社，2011：92.

江岸京汉铁路工会会员证徽章，系 20 世纪 20 年代京汉铁路员工自己设计的。正面外圆有“江岸京汉铁路工会会员证”字样。正中图案为地球上火焰缭绕，一大鹏飞轮立于地球上奔驰。内圆是“劳工神圣”四字。这一造型反映了京汉铁路工人的博大胸怀和对自由、民主的渴望。该会员证徽章 1995 年 4 月被评为国家一级文物

然而，京汉铁路上的工人运动引来了军阀吴佩孚的镇压，因为吴佩孚知道这条干线关系重大，为了稳固统治，他撕下了“保护劳工”的假面具，派出军警对京汉铁路总工会成立大会加以阻扰。1 月 28 日下午，郑州警察局长黄殿辰率领武装警察多人到总工会，宣布吴佩孚的电令：禁止京汉铁路工人于 2 月 1 日在郑州举行京汉铁路总工会成立大会。工会方面认为之前已经得到京汉铁路管理局的同意，或许可以得到转圜余地，故不为所动。1 月 29 日，吴佩孚又电令郑州驻军师长靳云鹗对京汉铁路工会活动进行监视，不准工人举行集会。事态步步紧逼，总工会不能置之不理，就派杨德甫、凌楚藩、史文彬等做代表，到洛阳见吴佩孚。吴佩孚装模作样地对工人代表发表了一番演说：“京汉铁路的员工，都是我的部属，难道说你们还不知道我一向是视部属如子弟的吗？只要与你们有好处的事，我哪一样不同意呢？现在民气是太嚣张了，北京的学生打了教育部，据报还有人要推翻黎大总统。我是军人，我有保卫国家维持治安的责任，我不准在我的防地内有任何骚乱，你们把各处的人都邀集到郑州开会，你们能保证这些人中没有坏人吗？我已下了命令不准开会，我还能够收回成命吗？军令如山，你们不知道吗？我准你们成立工会，就是不准你们开甚么成立大会，免得动摇人心，招致叛乱。”杨德甫等人据理力争，尤其强调“劳动立法，保护劳工”的通电是吴佩孚自己发的，不能出尔反尔，且大会筹

备很久，京汉铁路管理局已经同意，各地的代表大部分也已抵达郑州，成了箭在弦上不得不发之势。吴佩孚自知自己那套政治主张原本是装点门面，便撂下狠话："这些道理我还不懂吗？你们不能不顾及我的威信，我的话已经说尽了，你们若说一定非开会不可的话，那我可就没有办法了。"说完冷笑数声，便起身走了。杨德甫等人赶紧回郑州，向总工会汇报情况[①]。

针对吴佩孚的态度，总工会开会讨论，内部产生了不同意见，有一派认为成立大会可以简化，有一派认为可以改期开会，还有一派则认为，工人要组织工会，就是武装自己，求得解放，是要付出相当代价的，吴佩孚、靳云鹗、黄殿辰以及大小员司都是压迫工人的人，如果成立工会还要得到他们的批准，以后还要乖乖听他们的话，那工会就没有作用了。持这种坚决斗争意见的以项英为代表，他大声疾呼："我以为今天要考虑我们自己的决心和估计自己的力量，如果我们有决心有力量，工会的招牌已经挂出了很久，事实上工会是已经成立了，根据既定事实，来开成立大会，还有甚么话说呢？谁说一个'不'字，谁就是我们的敌人，我们就同他干。如果不这样，我们就把工会的招牌摘下来，大家散摊，不就完了吗？"项英的话引起在场参会人员的震动，很多人都同意他的意见，各地来参加工会成立大会的代表，也纷纷发言支持。尤其是施洋的讲话，声色俱厉，动人心魄。他最后喊出"京汉铁路总工会万岁！无产阶级胜利万岁！"的口号，引发全场共鸣。在场代表和在那里听消息的工人，都跟着施洋喊起这两句口号，工人斗争的情绪顿时高涨起来，大家一致决定不问成败利钝，在2月1日按照原定计划举行京汉铁路总工会成立大会[②]。成立大会决定在郑州普乐园剧场举行。

2月1日上午，郑州全城戒严，军警荷枪实弹，前来参会的代表不顾生死，冲破军警的重重包围，进入郑州普乐园剧场，立即举行大会，宣布京汉铁路总工会成立。包围会场的军警企图强行解散会议，代表们与之进行了斗争。会

---

① 包惠僧．包惠僧回忆录．北京：人民出版社，1983：100–101．

② 同①102.

京汉铁路总工会在郑州召开成立大会

议持续到下午 16 时才被迫结束。代表们冲破重围离开会场，回到住宿的旅馆后，又被包围。军警们强行捣毁总工会和郑州分会会所，把室内财物抢劫一空再加以封闭，并勒令全部代表立即离开郑州。为此，京汉铁路总工会执委会于当晚召开秘密会议，决定全路自 2 月 4 日起实行总罢工，号召全路工人“为自由作战，为人权作战，只有前进，决无后退”；同时决定将总工会临时总办公处转移至汉口江岸。中国共产党领导这次罢工的主要负责人是张国焘、项英、罗章龙、林育南等[①]。在罢工宣言中，工人们呼吁：“工友们呀！被压迫的同胞们呀！你们要看清楚，压迫我们的、剥夺我们的自由的、解散我们的工会的、侮辱我们的人格的，是误国殃民的军阀和他们的奸险的爪牙呀！我们要认清我们的仇人，我们不能忍受这种欺侮和宰割呀！我们要紧紧的团结，反抗我们的仇人，向我们的仇人进攻呀！反抗呀！进攻呀！……被穷苦压迫而去求生的警士和兵士，都是我们无产阶级的兄弟朋友，他们明白了，他们决不会帮助仇人压迫我们……”[②]在罢工宣言中，工人们还提出了复工的最低条件：

---

① 中共中央党史研究室．中国共产党历史：第 1 卷，1921—1949：上册．北京：中共党史出版社，2011：93.

② 邓中夏．邓中夏全集：下．北京：人民出版社，2014：1423.

（一）要求由交通部撤革京汉局长赵继贤和南段段长冯沄；要求吴、靳及豫省当局撤革查办黄殿辰。

（二）要求路局赔偿开成立大会之损失六千元。

（三）所有当日在郑被军警扣留之一切牌额礼物，要求郑州地方长官军警奏乐送还总工会郑州会所。所有占住郑州分会之军队立即撤退，郑州分会匾额重复挂起，一切会中损失郑州分会开单索偿，并由郑州地方官到郑州分会道歉。

（四）要求每星期休息，并照发工资。

（五）要求阴历年放假一星期，亦照发工资。①

2 月 4 日上午，江岸机厂工人首先罢工。到中午，京汉铁路全路 2 万多名工人全部罢工，1 200 多公里的铁路顿时瘫痪。

京汉铁路工人大罢工引发了外国资本主义列强的恐慌，因为这条大动脉的停顿直接威胁到了它们在中国的利益，所以它们也直接出面对罢工进行干涉和破坏。各帝国主义国家驻北京公使团召开紧急会议，要求北洋军阀政府尽快用武力镇压工人。英国驻汉口总领事也召集湖北省督军代表和外国资本家举行秘密会议，策划镇压罢工的办法。吴佩孚在帝国主义势力的支持下，调动 2 万多军警镇压罢工工人，制造了二七惨案②。这再一次说明，在当时的中国，无产阶级的斗争，要打倒军阀等反动统治者背后的外国资本主义势力。

江岸机厂是京汉铁路工人大罢工的重心，也是斗争的焦点。2 月 4 日上午 9 时刚过，江岸工会委员长林祥谦就下达了罢工命令，在工会委员周天元的指示下，纠察队员吴海发疾步跑到江岸机厂锅炉房，传达罢工命令。锅炉房烧火工黄正兴接过“耳聋眼瞎，无食可求”这一暗号命令，调大了汽笛音量，拉响

---

① 邓中夏．邓中夏全集：下．北京：人民出版社，2014：1424.

② 中共中央党史研究室．中国共产党历史：第 1 卷，1921—1949：上册．北京：中共党史出版社，2011：93.

了大罢工的汽笛。工人们严守罢工秩序，总工会出于安全考虑，几次变更办公地点，工人们即使知道内情也守口如瓶[①]。吴佩孚方面，则一方面让京汉铁路管理局派出2名代表到江岸工会，商量复工条件，另一方面则由湖北督军萧耀南在2月5日派督军署参谋长张厚庵会同汉口镇守使署到江岸工会谈条件[②]。萧耀南开出的条件极为苛刻：一是工人无条件复工，二是交出总工会负责人杨德甫等五人，则其余工人一概不究。这样的条件吓不倒已经得到了锻炼的工人，遭到工会强硬的拒绝。于是，张厚庵当即指挥军队占驻工厂，监视工会的活动，强迫大智门车站卖票，并在工人家里捉去了火车头上的司机两人，强迫他们开车[③]。林祥谦等人得报后，果断命令纠察团副团长曾玉良召集近千名工人赶往火车头厂。"抢！"曾玉良一声令下，工人们奋力冲破军警的防线，硬是把2名司机抢了回来。不料，军警抓走了5名纠察团员，扬言要用他们换回2个司机。工会一方面向司机问明情况，嘱咐他们暂时离开躲避，另一方面由项英等人出面，到张厚庵设在扶轮小学的临时指挥部，营救工友。经过一番交锋，张厚庵明白僵持下去难免事态扩大，于万般无奈之中释放了被捕的工人。工会乘胜追击，派出宣传队员火速赶到大智门车站，宣传罢工真相，揭露军警阴谋[④]。几个回合下来，工人在气势上压倒了敌人。

2月6日上午11时前后，京汉铁路总工会在江岸举行群众游行示威大会，除江岸全体工人外，还有武汉各工团、学校组织的慰问队，总共一万四五千人。杨德甫、施洋、林育南等均做了演讲。下午15时，宣布散会，群众结队在江岸车站绕行一周，盘踞在刘家庙的少数军警也被感动，对游行群众毫不为难。游行示威群众经过汉口日租界、法租界、英租界，抵达一码头，沿路高呼"京汉铁路总工会万岁！""工人阶级胜利万岁！"等口号[⑤]。邓中夏后来评论道：

---

① 武汉江岸车辆厂志编纂委员会．武汉江岸车辆厂志（1901—1993）（内部发行）．1996：62–63．

② 包惠僧在回忆录中指出，过去的书刊一般均把张厚庵误写作张厚生。

③ 包惠僧．包惠僧回忆录．北京：人民出版社，1983：108.

④ 同①64.

⑤ 同③109.

京汉铁路工人大罢工场景

“群众于愤怒之余，遂举行游行大示威，由江岸经过汉口租界以抵华界，历二小时方散，此种闯入租界示威，实为创见。”①

在京汉铁路中段的郑州，自 2 月 4 日总罢工开始后，靳云鹗就恼羞成怒，召集工会代表谈话，见面就对工人破口大骂，勒令工人开车。工会代表以“须有总工会命令才能开车”严词拒绝。2 月 5 日晚，靳云鹗拘捕了工会委员 3 人，工人听说后异常愤慨，同仇敌忾。2 月 6 日，军警又抓捕了 2 名工会委员，当天上午，靳云鹗将被捕的 5 名工人推至车站，恐吓工人，工人不仅不害怕，反而更加愤怒。下午，警署鸣锣招呼工人上工，工人置之不理②。

在京汉铁路北段，长辛店的工人从 2 月 4 日早上亦开始罢工。当天上午，长辛店 3 000 多名工人齐聚娘娘宫大院召开大会，史文彬宣布总工会罢工命令，并号召工友：“我们成立总工会被军阀破坏了，我们要誓死保卫总工会，要坚决听从总工会的命令，绝不能做软骨头去妥协。”③ 工人们的罢工非常有秩序，在社会上赢得了公众的同情。邓中夏记载道：“工人待遇旅客极有礼貌，男子

---

① 邓中夏．邓中夏全集：下．北京：人民出版社，2014：1425.

② 同①1426.

③ 中车北京二七机车有限公司．大道无疆：纪念中车北京二七机车有限公司 120 华诞．北京：中国工人出版社，2017：75.

为代雇车马，女子则延至工人家里住宿，次日护送至京。故当时社会人士对罢工工人均表好感。”[①]2月5日，宛平县县长汤晓秋、绅商白辅仁，几次找到工会，要求复工谈条件，均遭到史文彬严词拒绝。然而，吴佩孚此时已经密谋用军队镇压工人。2月5日午后，曹锟派兵到长辛店，宣布戒严，长辛店全体工人亦前往示威，并向军警宣传，军警士兵有为之感动而落泪者。2月6日，北洋军阀继续调动部队，到下午时，涿州军队开到。这时有人劝史文彬先躲起来，史文彬坚定地说：“躲？我能扔下3 000多名工友吗？军阀残害我们，我们绝不能在敌人面前没骨头。”2月6日晚上，军警就抓走了史文彬、陈励懋等12人[②]。一场血腥的风暴要来临了。

吴佩孚是在铁路南北同时动手的。在南边的汉口，党和江岸的工人们在2月7日早上已经察觉到异样。下午15时许，张厚庵又派人来工会，要求谈判，并索要工会领导成员名单。林祥谦等人为防备敌人借谈判之机对工会领导下毒手，便开具了一份假名单。总工会根据各种迹象分析研究，决定派朱蓝田、张廉光、姜肇基、项英等4人在分会与敌人谈判。同时，林祥谦指示曾玉良带领敢死队员和纠察团员400人齐集分工会，随时准备应付不测。16时过后，驻汉帝国主义国家的军舰悉数靠岸，士兵登陆，各国租界也鸣笛戒严，并派人巡逻，制造紧张气氛。17时将近，又有满载士兵的轮船在江边停靠。曾玉良赶紧集合起纠察团员和部分工人，令工人在分工会门前摆开队伍，严阵以待，誓以生命保卫工会。军警分三路包围工会：一路由江岸车站直扑工会；一路由三道街包抄工会右侧；一路由福建街包抄工会左侧。正在工会商量对策的项英、林祥谦等人惊闻敌人开始包围工会的消息后，决定为了保存斗争的领导力量而先行让项英撤离，林祥谦则留下将工会领导人名单和文件销毁。与此同时，曾玉良举着纠察团的大旗，带着工人勇敢地向军警迎了上去，与士兵展开了短兵相

① 邓中夏．邓中夏全集：下．北京：人民出版社，2014：1425.

② 中车北京二七机车有限公司．大道无疆：纪念中车北京二七机车有限公司120华诞．北京：中国工人出版社，2017：75.

位于武汉的京汉铁路总工会旧址

京汉铁路总工会匾额

接的搏斗。17 时 20 分，在福建街口警察值勤岗位上指挥军警的张厚庵，看到工人英勇搏斗不肯就范，便在其主子“武力制止、以遏乱萌”的指令下，掏出手枪，朝天鸣放一枪，发出了屠杀工人的黑色暗号。在江岸工会门前，军警听到枪声信号，立即将枪口对准工人，当时便有许多工人中弹倒地。曾玉良见状，怒不可遏，将纠察团的大旗交给身边的工人，大吼一声，冲上前去，将一个士兵摔倒在地，两人撕扯成一团。敌军一军官见状，惊慌地举枪便射，工人领袖曾玉良壮烈牺牲，与他扭在一起的那个士兵也中弹身亡。紧接着，特别队副队长陈年伯、纠察团员王先瑞、生火工陈道忠先后中弹倒地。王先瑞牺牲时，手里还紧紧攥着一面“维持罢工秩序”的小旗。一时间，江岸工会门前尸横遍地、血流成河，手无寸铁的工人惨遭屠戮。反动军警又闯进工人住宿区，见到工人模样的人便射击或逮捕，并趁机大肆抢劫，污辱妇女。工人胡兴顺见兵痞正在屠杀梅才咏一家，便冲上去与敌兵搏斗，却与梅才咏一起惨遭杀害。林祥谦的弟弟林元成，被两名看中他身上怀表的兵痞枪杀于三道街。在这场惨绝人寰的屠杀中，江岸铁路工人共有37人牺牲，近30人流血负伤，60多人无辜被捕。林祥谦也不幸被捕。张国焘、项英、杨德甫及部分工会委员则被迫化装转移到汉口日、法等国租界。晚上19时许，被捕的工人被押到江岸车站站台[①]。

在凛冽寒风中，林祥谦等被捕工人分别被绑在站台的电线杆上。张厚庵提着灯笼，辨认出林祥谦后，令刽子手割去绑在他身上的绳索，威逼他下达复工命令。林祥谦拒不答应。张厚庵就命令刽子手先在林祥谦身上砍一刀，然后再问："上不上工？"林祥谦坚定地说："不上！"张厚庵就命令刽子手再砍一刀，问道："到底下不下上工命令？"林祥谦忍痛大呼："上工要总工会下命令，我的头可断，工是不上的！"张厚庵遂命刽子手又砍一刀，林祥谦鲜血溅地，昏厥过去，过了一阵子才醒来。张厚庵狞笑道："现在怎样？"林祥谦切齿大骂："现在还有什么话可说！可怜一个好好的中国，就断送在你们这般混账王八蛋的军阀手里！"张厚庵听了大怒，不等林祥谦话说完，就令刽子手将他枭首示众。中车江岸机厂的工人领袖林祥谦，就这样壮烈牺牲了[②]。邓中夏评价道："如此至死不屈，从容就义，纪律严肃，也只有无产阶级的先锋战士，才能有此。"[③]中车的红色基因，是真正注入了烈士的鲜血的！当天晚上，十几个便衣警察闯入了位于汉口花楼街皮业公所巷的施洋律师寓所，把施洋抓进了汉口警察厅，接着又将其押往武昌湖北陆军审判处关押审讯。施洋在船上和警士谈话，警士被他感动得流泪[④]。到了狱中，施洋被套上特号手铐脚镣，但他毫不畏缩，还用法律知识将审讯他的敌人驳斥得理屈词穷。施洋还坚持在狱中写日记，表现出大无畏的革命乐观主义精神。在一首题为《监狱

---

① 武汉江岸车辆厂志编纂委员会．武汉江岸车辆厂志（1901—1993）（内部发行）．1996：67–68．

②③ 邓中夏．邓中夏全集：下．北京：人民出版社，2014：1428.

④ 林育南．林育南文集．北京：人民出版社，2014：143.

林祥谦牺牲地——老江岸火车站

乐》的诗中，施洋写道："人人都说监狱苦，我坐监狱反觉乐，不要钱的饭，给我吃个肚儿圆，不要钱的衣，给我穿过鼓堆堆。"施洋被捕后，党发动武汉律师公会、学生联合会等社会力量多方营救，萧耀南做贼心虚，怕激起更大民愤，遂不敢按正当法律程序审判，令手下于 2 月 15 日大年除夕凌晨，将施洋秘密杀害于武昌洪山脚下[①]。

在京汉铁路北段的长辛店，2 月 7 日早上，3 000 余名工人群众聚集到军营门口，要求释放头天夜里被抓捕的史文彬、吴汝铭等 11 名工人，并一致高呼："还我们工友！还我们自由！"不料军阀部队向群众开枪，弹如雨下，然后派出马队践踏驱散群众，数千工人遂纷纷倒地，军阀部队更趁机大肆抢劫，居民纷纷闭门不出，全市秩序大乱[②]。就这样，反动军阀为了镇压中国铁路工人的罢工，制造了震惊中外的二七惨案。除了江岸被害的工人外，在长辛店，长辛店机厂铆工、纠察队副队长葛树贵等 6 人被打死；在郑州车站，郑州铁路工会委员长高斌惨遭酷刑而牺牲。在江岸、涞水、高碑店，被捕后死于狱中的工人有 4 人。此外，罢工工人被捕的有 40 多人，被开除的达 1 000 多人，工人家属也

① 武汉江岸车辆厂志编纂委员会．武汉江岸车辆厂志（1901—1993）（内部发行）．1996：69.

② 邓中夏．邓中夏全集：下．北京：人民出版社，2014：1428.

长辛店二七惨案发生地旧址

葛树贵

遭到军警的迫害和洗劫[①]。葛树贵是这些牺牲的工人烈士中的一个典型。葛树贵1887年生于山东省德平县杨家村一个贫苦家庭，1904年入长辛店机厂当工人，成长为铆工。葛树贵是工人中的积极分子，是最早参加工会的会员之一，积极参加了北京共产党早期组织领导组织的1921年长辛店“五一”纪念活动，后来又担任了工人纠察队副队长。在1922年长辛店的“八月罢工”中，正是葛树贵带领工人纠察队勇劫火车，粉碎了敌人破坏罢工的阴谋，保证了罢工取得完全胜利。在京汉铁路工人大罢工中，他又负起了保卫工会的职责。史文彬等工人被逮捕后，在中国劳动组合书记部北京分部的领导下，葛树贵和工会干事杨诗田等带领3 000余名工人去火神庙警察局要人，反动军阀竟下令向赤手空拳的工人开枪，葛树贵带领纠察队队员冲在最前面，首当其冲，头部中弹，成为第一个中弹倒下的烈士。高举“还我工友”大旗走在队伍前列的杨诗田也被打中腹部，当场壮烈牺牲[②]。中车工人在二七惨案中的斗争与牺牲，是中车历史

① 中共中央党史研究室．中国共产党历史：第1卷，1921—1949：上册．北京：中共党史出版社，2011：93–94．

② 中车北京二七机车有限公司．大道无疆：纪念中车北京二七机车有限公司120华诞．北京：中国工人出版社，2017：91–93．

革命犧牲工作人員家屬光榮紀念證

字第 號

查楊詩田同志在革命鬥爭中光榮犧牲，[illegible]永垂不朽。其家屬當受社會上之尊崇。除依中央人民政府「革命工作人員傷亡褒卹暫行條例」發給其家屬[illegible]金外，幷發給此證以資紀念。

主席 毛澤東

一九六二年五月十八日

1962 年 5 月 18 日，毛泽东亲笔签字并由民政部颁发给杨诗田烈士家属的光荣纪念证

沉重的一页，也是中车历史光荣的一页。尽管工人烈士们倒下了，但他们英勇无畏的战斗精神，永远凝结在中车的红色基因之中。

二七惨案发生后，其他铁路线以及中车其他机厂的工人，都进行了声援斗争。中国劳动组合书记部发表了《敬告国民》以揭露事实真相："京汉铁路工人大惨杀案，想国民都已知道。工人们天天替社会做劳苦的工，他们为改良生活起见，要求组织工人的团体，无论在国法在人情，都不能不认为是正当的要求。工人所要求的，学界商界都有先例，学界能有教育会、学生会，商界能有商会，何以工人不能有工会呢？"①2 月 9 日，中国劳动组合书记部、全国铁路总工会筹备委员会发出了吁请全国各报馆、各工团支援二七罢工斗争的通电，要求北洋政府保障全国工人集会结社自由、撤退长辛店军队、释放工会被捕职员、抚恤被害工人及其家属等②。

京汉铁路总工会在郑州举行成立大会时，王荷波以津浦铁路总工会筹备委员会代表的身份前往祝贺。成立大会遭军警破坏，王荷波于 2 月 6 日回到浦

---

① 邓中夏．邓中夏全集：上．北京：人民出版社，2014：223.

② 同①230.

1923 年 2 月 9 日，王荷波组织浦镇机厂工人举行“二九”卧轨斗争，声援京汉铁路大罢工（油画）

镇，当晚召开紧急会议，决定为声援京汉铁路大罢工，两浦（浦口、浦镇）地区从 2 月 8 日起罢工，并通过津浦铁路局速电交通部，提出津浦路工人，每年加薪至少 1 个月，罢工期间，工薪照旧。2 月 8 日晨，浦口港务处轮渡工人首先罢工，中午，两浦铁路工人罢工。浦口机务段由于工会会长袁鸿贵被段长张殿收买，没有罢工，王荷波当机立断，派薛凤起等人连夜奔向浦口机务段，把没熄火的机车开出车库，同时，扳开道岔，使车轮脱轨，堵死了机车的出库通道。2 月 9 日，由于春节将至，浦口车站旅客熙熙攘攘，等待乘车。由于机车开不出来，客车没有机车牵引，不能开动，段长张殿束手无策。此时，从蚌埠开来一列运煤货车，张殿企图让货运机车司机牵引客车北上，司机了解到两浦铁路工人已经罢工，断然拒绝开车。张殿不死心，又诱惑司炉说：“只要你开车闯过浦镇，开到蚌埠，马上升你为司机。”司炉见利忘义，答应开车，军阀当局派出 10 名士兵，武装护送司炉开车。列车刚开出浦口站，王荷波就接到浦口罢工工人的电话，立即率领浦镇机厂数百名工人高举红旗，跑步冲向浦镇车站，挡住列车去路，并不断高呼：“打倒军阀！坚决不让火车开过去！”司炉一路鸣笛，不肯减速。几个老工人见状，带头脱掉上衣，横卧在冰冷的铁轨

王荷波在浦镇组织领导工人运动指挥部旧址

上。接着，工人们纷纷扑卧在铁轨上，司炉见状，只好紧急刹车。工人们立即包围机车，军阀士兵鸣枪示威，企图吓退工人，工人们无所畏惧，拾起路基上的石子向车上砸去，反动士兵抱头躲藏。这时，工人夏连布跳上机车，抓住士兵的枪，对着自己的胸膛说："你有种就朝我这里打吧！"士兵见工人团结一致，也不敢放肆，一个个都溜走了。王荷波指挥工人把火车开进浦镇车站，给车上旅客准备饭食，向他们宣传罢工的意义，得到旅客的同情和支持。津浦铁路南段铁路运输中断后，江苏督军齐燮元十分恼火，当天下午派第四混成旅旅长吴洪赞带了两个营的士兵前往浦镇弹压，浦口铁路工人闻讯，纷纷赶到浦镇工会，支援浦镇机厂罢工斗争。吴洪赞指挥士兵占领高地，架起机枪，布满岗哨，包围了浦镇工会。王荷波、王振翼指挥千余名铁路工人聚集在工会周围，年轻工人组成纠察队，站在最前列，手握木棍、石灰袋，准备还击。吴洪赞带领士兵，与路局车务处处长李显庭来到工会门口，高喊："王荷波出来讲话！"工人们怒目以视，无人理睬。吴洪赞带着士兵往里冲，共产党员、工人纠察队队长买雨田一声令下，纠察队员将吴洪赞团团围住，令他无法下令调动士兵。吴洪赞只好答应进行谈判。在谈判中，王荷波阐明罢工理由，提出 8 项复工条件，李显庭不敢做主，打电报向路局局长请示，局长深恐事态扩大，回电表示，可以接受部分条件。王荷波鉴于京汉铁路工人大罢工遭到血腥镇压，为避免罢工群众流血牺牲，经过罢工代表们讨论研究，果断做出适时复工的决定。这就是浦镇机厂的“二九”卧轨斗争[①]。中车工人在这次斗争中取得了胜利，但王荷波、王振翼暴露了身份，党组织决定他们立即离开浦镇。在群众掩护下，他们化装离开了浦镇，前往上海，走上了职业革命家的道路。

在津浦铁路的济南机厂，李广义和刘乃泮应邀到郑州去祝贺京汉铁路总工会成立，面对军阀的捣乱，也被迫回到济南。军阀镇压京汉铁路总工会的消息在济南机厂传开后，全厂机器很快停转，一部分工人上街游行示威，另一部分工人到济南各大工厂宣传，撒传单，从2月9日到11日，一连罢工3天。12日，李广义和工会代表共6人找了山东督军田中玉，跟他讲理，逼着他给交通部长和吴佩孚去了电报，请求撤退包围京汉铁路工会的军警，才算了事[②]。在天津机厂，为声援京汉铁路工人大罢工，工人们罢工3天。后来，由于津浦路机务同仁参考机件联合会会长张元和被军阀收买，宣布解散工会，天津分会也自行解散，工人运动暂时转入低潮[③]。

1923年2月4日下午13时，正太铁路总工会召开执行委员会会议，做出声援京汉铁路工人大罢工的决议。下午6时，石家庄全体正太铁路工人大会召开，分工会委员长施恒清传达了总工会决议，一致同意如京汉铁路工人大罢工3日内不能解决，即以罢工援助。2月6日，施恒清与计根生连夜到阳泉传达总工会决定，散发罢工宣言。施恒清回石家庄后即被捕，后经营救始获释。2月7日，石家庄机厂工人于中午12时开始投入正太铁路全体大罢工。到2月9日傍晚，正太总工会决定次日复工。当天夜里，警察抢走了工会旗帜，封闭总工会大门。次日早晨，正太铁路局贴出布告，宣布开除孙云鹏等11名工人。

---

① 《南京浦镇车辆厂志》编委会. 南京浦镇车辆厂志（1908—2007）. 北京：中国铁道出版社，2008：503–504.

② 济南轨道交通装备有限责任公司. 红色大厂（内部发行）. 2010：38–39.

③ 天津机辆轨道交通装备有限责任公司. 百年风云录1909—2009：纪念天津机辆轨道交通装备有限责任公司100年华诞（内部发行）. 2009：15.

石家庄机厂的全体工人包围了路局大楼，迫使路局收回成命[①]。

二七惨案的消息传到上海后，吴淞机厂工人和上海北站、上海机务段工人代表在货车工场集会，声援京汉铁路工人的罢工斗争。会后，工人酝酿罢工，但因军阀宣布戒严，厂方严加监控而未成[②]。在严峻的形势下，2月中旬，邓培在唐山召集京奉铁路工人代表会议，秘密举行了二七死难烈士追悼会[③]。

在惨案的中心武汉，各界工人悲愤不已，武汉工团联合会在2月7日当晚即下达罢工命令，徐家棚铁路、汉阳钢铁厂、汉冶萍轮驳、丹水池、扬子机器厂等处工人均实行罢工。萧耀南宣布特别戒严令，各帝国主义在汉海军则全部登陆，市面极其恐怖。到了2月9日，考虑到形势严峻，京汉铁路总工会与武汉工团联合会联名下达复工令，劝工人忍痛复工，其要点为："我们的敌人既用这样大的压力对付我们，我们全体工友为保全元气以图报复起见，只好暂时忍痛复工。本会深知昨日各业工友因敌人袭击，痛哭流泪者不知凡几，切齿痛恨者不知凡几，愤不欲生者不知凡几，但本会极希望我亲爱的工友镇静忍痛，不因此灰心，不因此出厂。须知吾人此时惟有忍痛在厂工作，才有报仇之日。杀吾工界领袖林祥谦之仇誓死必报，言论出版集会结社罢工之自由誓死必争，军阀官僚中外资本誓死必打倒，唯其如此，所以我们忍痛复工，才有以后的种种办法。"[④]京汉铁路工人大罢工在军阀的镇压下失败了。

京汉铁路工人大罢工是中国共产党领导的第一次工人运动高潮的顶点。这次大罢工进一步显示了中国工人阶级的力量，扩大了中国共产党在全国人民中的影响。它虽然遭到失败，但以工人的生命和鲜血进一步唤醒了中国人

---

① 中国南车集团石家庄车辆厂志编审委员会．历史铭记着：中国南车集团石家庄车辆厂大事记（1905—2001）（内部发行）．2002：6.

② 戚墅堰机车车辆厂厂志编纂委员会．戚墅堰机车车辆厂志（1905—1988）．上海：生活·读书·新知三联书店上海分店，1994：257.

③ 中国北车唐山轨道客车有限责任公司．辉煌130：唐车大事记（1881—2011）（内部发行）．2011：19.

④ 邓中夏．邓中夏全集：下．北京：人民出版社，2014：1429.

民，使他们更明确地认识到帝国主义和封建军阀是中国各族人民不共戴天的敌人，必须与之斗争到底[①]。中车工人经过这次斗争，更加成熟，更加坚定地为自己的历史使命而奋斗。1923 年 2 月，邓中夏怀着悲愤写了一首题为《血和铁》的诗：

军阀手中铁，
工人颈上血，
颈可折，
肢可裂，
奋斗精神不熄灭，
劳动的工友呐！
快！
起来！
团结！[②]

奋斗的精神不灭，在挫折中愈战愈勇，团结起来完成使命，这正是红色基因的内核与意义。1923 年 5 月，一篇关于长辛店工会的新闻写道："这次京汉路为争人格和自由宣布总罢工，长辛店工友，个个本奋斗精神，一致行动，可恨的万恶军阀，用武力横加摧残，惨杀、拘捕……使他们不得不暂时忍痛上工。表面上虽似完全失败，其实他们内部组织更猛进。近更设临时办事处于天津，照常进行。而一班工友们，更气愤填胸，恨不得立刻恢复他们的工会。他们这样誓死奋斗的精神，真堪佩服啊！"[③]烈士的血不会白流，斗争仍在继续。

---

① 中共中央党史研究室．中国共产党历史：第 1 卷，1921—1949：上册．北京：中共党史出版社，2011：94.

② 邓中夏．邓中夏全集：上．北京：人民出版社，2014：220.

③ 中华全国总工会中国工人运动史研究室．中国工运史料：第一至八期：上．北京：工人出版社，1984：619.

二 石门风云

二七惨案发生一个月后，中国劳动组合书记部发表了《为京汉流血事宣言》，指出："军阀官僚们口口声声说工人罢工、破坏路政，其实国家的路政被军阀官僚们破坏到极点了，京汉北段简直是曹家的私产，京汉南段及陇海路简直是吴佩孚的账房，不但铁路收入不归国家，连养路费都被他们搜刮净尽，无款修理，再过几年便要成废路。他们恐怕工人有了势力干涉此事，这也是他们惨杀工人的一个重要原因。"①1923 年 5 月，王尽美在文章中指出，短短 1 个月内，中国就发生了 4 次大的兵患与匪患，揭露了军阀统治下的黑暗："本来象中国军阀这样搜刮地皮，人民为穷所累，哪得不铤而走险，为匪作盗？他们这样刻扣军饷，兵士为生活所逼，哪得不叛变劫掠？唯我们一般劳苦兄弟们，天天牛马般卖气力，挣出钱来纳税纳粮地供给这伙军阀们争权夺利，互相残杀。"②1923 年 11 月，邓中夏在报纸上揭露："又据努力周报及各报所载！胶济铁路局长将胶济铁路之机关车铁轨等材料，卖价四十万，又将西临青岛两所大旅馆，卖价六十万，均秘密卖与日人，充大选经费。"③同月，在《商人与时局》一文中，邓中夏又告诫中国的商人，在军阀统治下"在商言商"是没有出路的："要安稳营业，长保和平，只有推翻现在政府建设保护我们自己利益的政府。"④这表明，中国共产党很清楚，要在中国发展工业以实现富强，必先用红色的暴风雨涤荡污秽肮脏的半殖民地社会，打倒军阀及其背后的外国资本主子。

1924 年 1 月 20 日至 30 日，中国国民党第一次全国代表大会在广州举行。大会由孙中山主持，出席开幕式的代表 165 人中，共产党员有 20 多人，包括

① 邓中夏．邓中夏全集：上．北京：人民出版社，2014：233.

② 王尽美．王尽美文集．北京：人民出版社，2011：65.

③ 同①272.

④ 同①286.

李大钊、毛泽东等，李大钊被孙中山指派为大会主席团成员。中国国民党第一次全国代表大会的召开，标志着国民党改组完成和第一次国共合作的正式形成，这是中国共产党实践民主革命纲领和民主联合战线政策的重大胜利。实行国共合作，既是国共两党反对帝国主义和封建军阀的共同需要，也是两党各自发展的需要。1925 年 1 月 11 日至 22 日，中国共产党在上海举行第四次全国代表大会，出席会议的代表 20 人，代表党员 994 人。党的四大修改了党章，选举陈独秀、李大钊、蔡和森、张国焘、项英、瞿秋白、彭述之、谭平山、李维汉为中央执行委员会委员，邓培、王荷波、罗章龙、张太雷、朱锦棠为候补委员，组成新的中央执行委员会。根据工作分工安排，邓培驻唐山，罗章龙、王荷波负责铁路总工会工作[①]。从中车工人骨干中诞生的党的领导人，在斗争中迅速成长，而中车工人也没有在二七惨案后消沉，相反，他们在波澜壮阔的国民大革命中继续充当着红色先锋。

二七惨案之后，一直到 1927 年，中车红色基因的发展出现了一些新的特点：一是红色基因在中车的早期实体中得到了传播与扩散，二是中车工人运动的重心出现了一定的转移。中车红色基因的发展，与中国共产党领导的中国革命的形势变化有着直接的关系。1925 年爆发的震惊中外的五卅运动，标志着大革命高潮的到来。当年 5 月 1 日至 7 日，第二次全国劳动大会在广州举行，大会决定正式成立中华全国总工会，共产党员林伟民当选为执行委员会委员长兼总干事，刘少奇、邓培等当选为副委员长。大会通过了《中华全国总工会总章》，宣布取消中国劳动组合书记部，由中华全国总工会统一领导全国的工会。5 月 7 日，上海日本纺织同业会开会议决，拒绝承认工人组织的工会，要求上海租界当局及中国官方取缔工会活动。5 月 15 日，日本资本家宣布内外棉七厂停工，不准工人进厂，该厂工人顾正红率领工人冲进工厂，要求复工和发工资。日本厂长率领打手向工人开枪，打伤 10 多人，顾正红身中四弹，伤重身

① 中共中央党史研究室．中国共产党历史：第 1 卷：1921—1949：上册．北京：中共党史出版社，2011：127.

亡。这次惨案成为五卅运动的导火索。5 月 28 日晚，中共中央和上海党组织召开紧急会议，决定 5 月 30 日在租界内举行大规模的反帝示威活动。中共中央同时决定成立上海总工会，由李立三、刘华等主持。5 月 30 日，上海各大、中学校学生 2 000 余人分散到公共租界繁华的马路，进行宣传、讲演和示威游行，又有 100 多人先后被捕，关押在南京路老闸捕房。被激怒的群众冲向捕房前，要求释放被捕者，不料英国巡捕突然开枪，打死 13 人，伤数十人。这就是举国震惊的五卅惨案。当天深夜，中共中央再次举行紧急会议，决定由瞿秋白、蔡和森等组成行动委员会，具体领导斗争，组织全上海民众罢工、罢市、罢课，抗议帝国主义屠杀中国人民。6 月 1 日，上海人民开始了声势浩大的反对帝国主义的总罢工、总罢课、总罢市，同日，上海总工会成立。在中国共产党的领导下，五卅运动席卷全国。五卅运动是中华民族直接反抗帝国主义的伟大运动，它冲破了长期笼罩全国的沉闷的政治空气，大大促进了群众的觉醒，给了帝国主义和军阀势力一次前所未有的打击[①]。也是在五卅运动掀起的大革命的高潮中，中车工人的斗争又一次掀起高潮。

率先形成红色基因的中车早期实体，大部分位于北洋军阀统治的核心地区，在二七惨案后，受到军阀更严密的控制，工人运动在一段时间内转入低潮。但是，正太铁路的石家庄机厂颇为特殊。在孙云鹏的领导下，石家庄机厂的工人在二七惨案后斗争频率仍然很高。孙云鹏出生于天津一个鞋匠家庭，曾以卖布头为生，后来到长辛店机厂当学徒工，出师后到天津铁厂当工匠。1906 年，孙云鹏到建成不久的石家庄机厂当刨床工人，逐渐成为一名工运骨干，并较早加入中国共产党[②]。1923 年 4 月 5 日，正太铁路当局（以下简称“路局”）不准工人清明节休息，推翻了过去让工人每年休 52 个星期日和 18 个“官工”的承诺。石家庄机厂的孙云鹏带领工人包围路局办公楼，逼迫路局答应工人清

---

① 中共中央党史研究室．中国共产党历史：第 1 卷，1921—1949：上册．北京：中共党史出版社，2011：129–134．

② 中车齐车集团有限公司．红色齐车（内部发行）．2020：122.

孙云鹏

明节休息。4月9日，因为中国劳动组合书记部给孙云鹏的函件被路局拾到，上面有告知北京举行追悼施洋、林祥谦会议的情况，路局遂以此为由逮捕了孙云鹏。中国劳动组合书记部当天就通过报纸舆论营救孙云鹏，孙云鹏不日即获释。5月1日，孙云鹏带领石家庄机厂工人用小罢工纪念“五一”国际劳动节[①]。在此期间，孙云鹏还抓住路局法国人贩卖毒品的罪证，多次向北洋政府提出控告，交通部派人调查，发现确有其事，就将正太铁路法国总办沙革赶出了中国[②]。在二七惨案后的铁路工人运动低潮中，石家庄机厂的工人斗争是较为突出的。1924年2月7日，在二七惨案一周年之际，全国铁路工人第一次代表大会在北京秘密召开，会上正式成立了中华全国铁路总工会，石家庄机厂工人孙云鹏当选为第一届执行委员会委员长[③]。在这个特殊的日子成立中华全国铁路总工会，既是对先烈的纪念，又彰显了包括中车工人在内的铁路工人要对军阀进行还击的战斗意志。1924年7月9日，军阀当局派军警到石家庄诱捕了孙云鹏，将其押往天津，直到11月5日，孙云鹏才获释。孙云鹏的获释，与同情革命的冯玉祥在北京发动政变有直接关系。冯玉祥推翻曹锟、吴佩孚后，党组织借机营救了一批工友，其中就包括二七惨案期间被抓的史文彬。孙云鹏出狱

① 中国南车集团石家庄车辆厂志编审委员会．历史铭记着：中国南车集团石家庄车辆厂大事记（1905—2001）．2002：7.

② 中车齐车集团有限公司．红色齐车（内部发行）．2020：124.

③《中国中车志》编委会．中国中车志（1881—2015）．北京：中国铁道出版社，2017：49.

石家庄机厂进步工人佩戴的纠察团臂章

石家庄正太总工会会徽

后，作为铁路工人代表，到天津看望了病中的孙中山[①]。当年 12 月下旬，李大钊派在苏联学习的袁子贞回国，到石家庄机厂领导斗争。1925 年 1 月，孙云鹏与袁子贞在召开多次会议后，决定在倾向革命的国民革命军占领石家庄的形势下，正式恢复正太铁路总工会。总工会会址就设在石家庄机厂 8 号门外北后街普安胡同北口路西，孙云鹏当选总工会委员长。3 月 27 日，奉系军阀又取代国民革命军占领石家庄，反动军警闯入正太铁路总工会，掠走了工会旗帜，逮捕了孙云鹏，并封闭工会大门。当天夜里，袁子贞组织石家庄机厂 500 余名工人包围了警察厅，经过数小时斗争，警察厅被迫释放孙云鹏，但将其驱逐出石家庄。从此，孙云鹏走上了职业革命者的道路[②]。

1925 年 6 月上旬，石家庄机厂工人积极投入五卅运动。6 月 16 日，正定七中共产党员高克谦率领正定学生、工人、商人到石家庄参加各界“沪案后援会”成立大会，从此留在石家庄机厂协助袁子贞工作。6 月 29 日下午 6 时，高克谦主持召开了石家庄全体正太铁路工人选举大会，当场选出总工会代表 18 人，候补 1 人，在奉系军阀的高压下公开恢复正太铁路总工会。施恒清当选为总工会委员长。但总工会不被警察当局承认。1925 年夏天，驻石家庄的奉军将石家庄与休门两村合并，称石门市。当年 8 月下旬，原社会主义青年

---

① 中车齐车集团有限公司．红色齐车（内部发行）．2020：126.

② 中国南车集团石家庄车辆厂志编审委员会．历史铭记着：中国南车集团石家庄车辆厂大事记（1905—2001）（内部发行）．2002：8.

团太原地委书记傅茂公被调到石家庄，任正太铁路总工会秘书，兼管党务工作。傅茂公就是彭真。在袁子贞、高克谦、彭真的领导下，石家庄机厂的工人用怠工、散传单、包围路局办公大楼等方式，开展了“买米斗争”。9 月 12 日，高克谦被奉系警察厅逮捕，9 月 23 日深夜两点，高克谦被奉军秘密杀害，年仅 19 岁。此后，袁子贞被调离石家庄。1925 年 12 月，奉军又被国民革命军赶出石家庄，石家庄机厂工人公开恢复正太铁路总工会，王凤书为总工会委员长，彭真为总工会秘书。在此期间，彭真在石家庄机厂又发展了一批共产党员，并通过石家庄机厂工人将革命火焰引入了石家庄大兴纱厂。1926 年 1 月中旬，彭真组织石家庄机厂工人纠察队，活捉了出卖高克谦的 3 名工贼，交给革命军警察局。1 月 17 日，在彭真领导下，正太铁路总工会召开了高克谦烈士追悼大会，参会群众达12 000余人[①]。石家庄机厂工人的斗争至此达到了一个高潮。然而，到了 3 月，晋系军阀占领了石家庄，对工人运动采取镇压态度，正太铁路总工会再次被封闭，转入秘密斗争，彭真也于 5 月被调离了石家庄。

1928 年，毛泽东在《中国的红色政权为什么能够存在？》中指出：“我们只须知道中国白色政权的分裂和战争是继续不断的，则红色政权的发生、存在并且日益发展，便是无疑的了。”[②]这一分析，不仅指出了大革命失败后中国红色政权能够存在的重要外部条件，实际上还指出了在敌我力量对比变化中中国革命运动的一般特征。在整个中车工人运动史上，白色势力内部的争斗、白色势力在不同区域内的力量强弱，都影响着中车红色基因在不同地域、不同时段的发育情形。中车红色基因形成与发展的不平衡性，与中国共产党领导的革命斗争的一般规律，是同步的。

① 中国南车集团石家庄车辆厂志编审委员会．历史铭记着：中国南车集团石家庄车辆厂大事记（1905—2001）（内部发行）．2002：9–10．

② 毛泽东．毛泽东选集：第 1 卷．2 版．北京：人民出版社，1991：49．

1985 年 10 月 8 日举行的高克谦烈士墓奠基典礼

彭真发给敢死队队员的“正太铁路总工会纠察队义勇奖章”

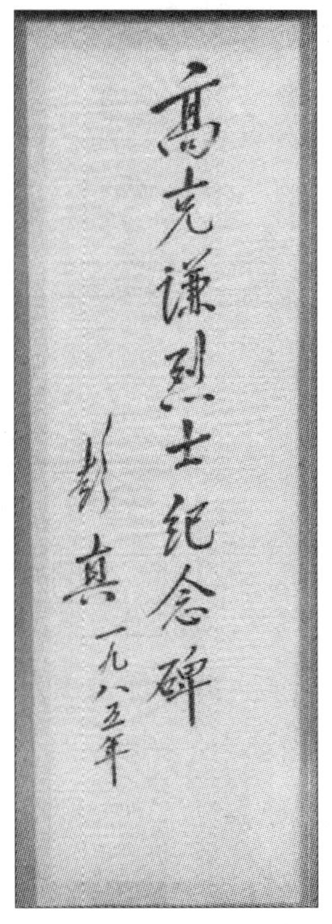

彭真亲笔题写高克谦烈士纪念碑

四方扩散

中车各实体在创建之初缺乏统一的隶属关系，各实体具有自己的独立性，其红色基因的形成也不同步，中车内部的红色文化发展具有不平衡性。当长辛店、江岸、浦镇、济南、唐山等地机厂的红色基因已正式形成，其工人已在中国共产党的领导下展开自觉斗争后，某些地区机厂的工人运动还停留在自发斗争的阶段。但是，二七惨案后，中国共产党开始进入中车更多的实体，去打造红色基因。

中车的四方机厂是近代工业名城青岛的大厂。或许由于青岛是长期受德、

郭恒祥

圣诞会会徽

日帝国主义势力控制的海滨城市，既远离北京、上海等红色中心，又不像武汉、济南那样位于铁路线的关键节点，四方机厂的工人运动就长期停留于自发斗争阶段。直到1922年冬天，该厂才出现一个带有自发性、迷信色彩与行会性质的工人组织——圣诞会。圣诞会是由四方机厂的工人郭恒祥发动组织的。郭恒祥系山东章丘人，出生于1894年，早年曾在辽阳南满铁工厂当学徒，19岁来到四方机厂做工。五四运动后期，郭恒祥利用回原籍探亲的机会，去过济南，目睹了青年学生为争回山东主权而进行的斗争，激发了爱国热忱。回青岛时，他买了许多折扇，写上“勿忘国耻”“力争收回青岛”“抵制日货”等反帝爱国口号，瞒过搜查，带回工厂，赠给工友们[①]。1922年冬天，郭恒祥等人按照民间铁匠敬奉祖师爷老君的旧俗，先联络厂里的铁匠成立了一个老君会。郭恒祥等人商量在全厂成立一个能让各行工匠都加入的会，取名“圣诞会”，意思是各行工匠纪念始祖生日的会，规定会员每年要捐献一日工资，作为活动经费，并在每年农历2月15日这一“圣诞日”举行庆祝活动。圣诞会在胶澳商埠警察厅办理了立案手续，也得到了厂方的允许。1923年农历2月15日，是第一个“圣诞日”，圣诞会决定以敬神唱戏的方式来庆贺正式成立，并与厂方达成协议，停工5天，以后利用星期天补上工时[②]。从

① 四方机车车辆厂志编纂委员会．四方机车车辆厂志（1900—1993）．济南：山东画报出版社，1996：617.

② 同①46.

这一点来看，圣诞会还是一个相对原始的工人自发组织，且侧重于工人的互助，而非与资方的斗争。

使四方机厂发生变化并形成红色基因的是王荷波。“二九”卧轨斗争后，王荷波没办法继续留在浦镇机厂，而是走上了职业革命家的道路。当时，京汉、粤汉、津浦、正太、道清五条铁路的工人联合组织五路联合会，得知四方机厂成立了圣诞会后，就派王荷波到青岛了解情况。1923 年 3 月，王荷波化名满玉纲，来到青岛，与郭恒祥等人联系上以后，召集工人中的积极分子，对工人进行教育。在王荷波的教育下，郭恒祥等人提升了觉悟，率领圣诞会加入了五路联合会，印发了《四方机厂工人俱乐部简章》，办起了工人图书室，组织工人自己演戏，还筹办工人夜校。就这样，圣诞会开始转变为具有工会性质的群众组织。当时中共中央一些正式报告以及青岛党组织负责人邓恩铭给中共中央的一些信件，就直接称圣诞会为四方机厂工会。郭恒祥通过与党的接触，更加积极地开展工运活动，组织发动工人同路局和资方进行斗争[①]。中车四方机厂的红色基因逐渐形成了。

圣诞会的性质转变，自然引发了当局与厂方态度的转变。1924 年农历 2 月 15 日，圣诞会准备庆祝第二个“圣诞日”，路局派军警阻止，并恐吓工人：“若工人不服，即打死不论。”为避免工人流血，圣诞会含愤停止了庆祝活动。3 月 21 日，路局又增派警察进驻四方机厂，并宣布将圣诞会的负责人郭恒祥等四人开除。到了 9 月 8 日，路局干脆将圣诞会封闭了。郭恒祥被开除后，仍然坚持在党的领导下继续斗争，利用圣诞会的经费，在四方开办了一个“会仙居”饭馆，作为党的秘密联络点。郭恒祥也由邓恩铭介绍入党。1924 年 10 月，在党组织的帮助教育下，四方机厂的工人总结了圣诞会的经验教训，秘密成立了四方机厂工会[②]。中车的红色基因，在四方机厂正式成型了。

---

① 四方机车车辆厂志编纂委员会．四方机车车辆厂志（1900—1993）．济南：山东画报出版社，1996：46–47．

② 同①47.

邓恩铭

四方机厂工会是在邓恩铭的指导下成立的。邓恩铭曾与王尽美一起创立济南的共产党早期组织，是中国共产党的先驱之一。他为四方机厂工会确立了严密的组织原则，凡愿意参加工会的工人都由2人介绍，签名盖章，不准工贼混进来。仅仅十几天时间，秘密盖章加入工会的工人就有800多人，占当时四方机厂工人总数的60%以上。1925年2月，胶济铁路当局内部发生了江浙、山东两派争夺局长位子的内讧，邓恩铭得知消息后，召集党员和工人骨干开会研究，认为这是一次利用敌人内部矛盾发动罢工的机会。邓恩铭派四方机厂的党员傅书堂带领几个积极分子去路局，同山东地方实力派商谈工人参加罢工事宜，同时在厂里组织成立了罢工委员会、纠察队和宣传队。但山东地方实力派不接受工人代表提出的要求，只谈对他们自己夺权有利的“鲁人治鲁”之类的鬼话，工人代表当时就表示反对，谈判破裂。工人代表回去向邓恩铭汇报谈判经过时，中共山东地委负责人王尽美正好也在场。王尽美鼓励工人代表们：“我们同他们合作只是一种手段，谈判破裂很好，这正表示我们工人自己有充分的力量。”①

1925年2月8日，四方机厂工人在中共青岛支部的领导下，利用胶济铁路全线罢工的有利时机，举行了全厂大罢工。当时，胶济铁路的全线大罢工是胶济铁路局内的山东地方实力派操纵的，意在向北京的交通部示威。因此，四方机厂的大罢工是利用军阀统治当局内部狗咬狗的契机，开展工人自己的运动。

① 四方机车车辆厂志编纂委员会．四方机车车辆厂志（1900—1993）．济南：山东画报出版社，1996：48.

工人们提出的条件包括：恢复被开除的郭恒祥等人的工作；承认工人有自己的工会；不分领班、工匠、小工、学徒，每人每月增发工资6元；速发年终奖金；工人和员司享受同等福利待遇，要发给大煤和房金。由于这是中国共产党领导的独立于胶济铁路罢工的斗争，当胶济铁路全线恢复通车后，四方机厂的工人没有复工，而是继续坚持罢工。到罢工的第7天，新任胶济铁路局局长李钟岳派警务处长率路警荷枪实弹到四方机厂，胁迫工人复工。四方机厂的工人们无所畏惧，据理力争，严词驳斥，路警只得退出工厂。到罢工的第9天，李钟岳亲自会见工人代表，说要答复工人要求的事项。当时，路局的答复是：同意恢复被开除的郭恒祥等人的工作；承认工会但要报警察厅批准，厂方承认工人代表，有事可找代表商量；增加工资需要交通部批准，但保证一定增加；年终奖金照发；房金也需要交通部批准，大煤可以买。工人代表向中共青岛支部汇报后，邓恩铭说："不能要求一次斗争解决一切问题，要适可而止，只要答应复工条件的60%，就是胜利。"于是，决定第二天复工。四方机厂工人的大罢工取得了胜利，之后，胶济铁路总工会和四方机厂工会正式成立，胶济铁路总工会执行委员会产生了①。四方机厂工人大罢工对青岛工人运动的影响很大。青岛大康、内外棉、隆兴、钟渊、富士、宝来等日资纱厂以及水道局、电话局、啤酒厂、祥太木厂、铃木丝厂等都相继成立了工会，并酝酿罢工。1925年4月19日，青岛日资纱厂工人第一次同盟大罢工爆发。可以说，中车四方机厂的红色基因形成虽晚，但其产生的战斗力与影响力是强大的。

四方机厂工会正式成立后，进一步组织反帝反军阀的工人运动，迫使路局履行2月大罢工的诺言，支援青岛日资纱厂工人的罢工斗争，参与发起成立青岛工界联合会，团结各界共同反帝。1925年5月中旬，第二次全国劳动大会结束后，刘少奇由与会代表傅书堂、伦克忠陪同，来到青岛，对四方机厂等工

① 四方机车车辆厂志编纂委员会．四方机车车辆厂志（1900—1993）．济南：山东画报出版社，1996：49.

1925 年 2 月 8 日，四方机厂工人大罢工时用的信号汽笛

1925 年 5 月刘少奇在青岛指导四方工人运动时住过的地方（现青岛市四方海岸路十八号）

厂的工人运动进行了指导。据记载，在开会时，刘少奇从身边取来一份《向导》，笑着问："每期能来多少份？"又问"还能读到什么？"工人们回答说能读到《中国工人》《新青年》《唯物史观》等书刊。傅书堂说："这些书，有好多文章同志们还看不太懂。"刘少奇回答说："不懂不要紧，只要反复阅读，反复思考，就可弄懂。我们革命，光有武不行，还得有文，文武双全了，才能战胜敌人。"[①] 傅书堂 1904 年生于山东省高密县城北关，父亲是铁匠。高小毕业后，傅书堂在高密火车站车头房当擦车夫。1923 年，傅书堂考入四方机厂艺徒养成所，毕业后分配在化验室工作。1924 年，经邓恩铭介绍，傅书堂加入中国共产党[②]。伦克忠是山东省章丘人，系郭恒祥的同村，生于 1894 年，也曾进辽阳南满铁工厂当学徒工，1916 年进四方机厂当机匠。伦克忠口齿伶俐，为人豁达，热心工人运动。1923 年秋，他调到坊子火车站，将改造后的"圣诞会"的斗争情况告诉当地工人，并帮助建立了"圣诞会"坊子分会。伦克忠因触怒军

① 四方机车车辆厂志编纂委员会．四方机车车辆厂志（1900—1993）．济南：山东画报出版社，1996：50–51．

② 同①620.

阀而被开除，又回到了四方机厂。1925 年春，伦克忠加入了中国社会主义青年团[①]。在党的坚强领导下，中车四方机厂成为青岛地区的红色先锋。

然而，统治山东的奉系军阀张宗昌，对青岛的工人运动残酷镇压，于 1925 年 5 月 29 日制造了屠杀日资纱厂工人的“青岛惨案”。由于胶济铁路总工会和四方机厂工会大力声援纱厂工人，在日本资本家的教唆下，张宗昌又将矛头对准了铁路工人。5 月 30 日，张宗昌宣布取消胶济铁路总工会和四方机厂工会。7 月 27 日，张宗昌捣毁了胶济铁路总工会、四方机厂工会和青岛纱厂各工会等一批青岛工会，逮捕了四方机厂工会纠察队队长赵世恪等 13 人，通缉邓恩铭、傅书堂等 60 多人，四方机厂因通缉而逃者达 600 余人，工人家中被反动军警搜查四五遍，工人惨遭殴打，家中妇女亦多受侮辱。就在工会被破坏的当天晚上，胶济铁路总工会执委、共产党员于伟功连夜赶到济南，在大明湖上向中共山东省委负责人做了汇报。次日，根据上级指示精神，中共四方支部成员傅书堂派四方机厂工人伦克忠、韩文玉秘密赴北京进行联络，揭露帝国主义和反动军阀的罪行。伦克忠、韩文玉到达北京后，被罗章龙接见，汇报了青岛的情况。在党的指示下，8 月 6 日，伦克忠、韩文玉发表了《胶济铁路总工会代表为奉系军阀张宗昌在山东枪毙工人首领及新闻记者敬告北京民众书》。8 月 16 日，北京各界群众在天安门前召开了追悼青、沪、宁各地惨案中遇害者大会，李大钊、宋庆龄、于右任等出席了大会。伦克忠在会上发表了长篇演讲，控诉日本帝国主义及其走狗张宗昌的罪行。北京大学学生会根据伦克忠的演讲，编写出《张宗昌祸鲁十大罪状》，在群众中散发。张宗昌得知伦克忠、韩文玉在北京的活动后，惶恐不安，派特务到北京，对二人盯梢。8 月 27 日，特务将伦克忠、韩文玉二人逮捕，8 月 28 日押往济南，9 月 6 日，伦克忠壮烈牺牲[②]。伦克忠在狱中受尽酷刑，体无完肤，但他坚贞不屈，对敌人不是痛骂就是嘲笑。此前，伦克忠就曾向傅书堂提出入党要求，当他牺牲后，经傅书堂与邓恩铭多

---

① 四方机车车辆厂志编纂委员会．四方机车车辆厂志（1900—1993）．济南：山东画报出版社，1996：618.

② 同 ①52–53．

次研究，决定追认他为中国共产党员[①]。在“青岛惨案”发生后，郭恒祥也遭到敌人通缉，并再次被开除出厂，被迫离开青岛，在党的指示下，走上了领导农民运动的革命道路。总之，“青岛惨案”破坏了四方机厂在大罢工中形成的工会组织体系，没有遭到逮捕的工会领导人，转入了地下斗争。

尽管中车四方机厂的红色工会从成立到被破坏，为时不长，但红色基因一形成，就成为一种鼓舞后人继续战斗的精神力量和企业文化传统。大革命时期，革命力量集中于南方，并从珠江流域一路北上，相对而言，北方的旧军阀势力更强大，为维持其摇摇欲坠的统治，在镇压进步力量时更加丧心病狂。这也是四方机厂、石家庄机厂等中车北方机厂工人运动在大革命时期遭受曲折的原因。然而，红色的火种一旦点燃，就一定会向四方扩散，不会熄灭。

五 东北共振

出于种种原因，民国时代中国东北与关内的联系，受到层层阻隔，日本殖民势力在中国东北极为猖狂。中车在东北的早期实体，却同样在中国共产党的领导下，形成了各自的红色基因。东北与关内，中车各实体之间，靠着中国共产党打造的红色基因，血脉相连，荣辱与共，成为不可分割的整体，在革命斗争中共振共鸣。

1923 年，京汉铁路工人大罢工的消息传到大连后，沙河口铁道工场的傅景阳、王立功、于景龙等 30 余名青年工人经常聚在一起讨论，酝酿成立像关内的工会那样的中国工人自己的团体。傅景阳 1900 年出生于辽宁省复县复州城一个小职员家庭，1915 年高小毕业后，考入沙河口铁道工场技工养成所，1919 年毕业后，分配在工场台车职场当钳工。傅景阳在技工养成所学习期间，经常阅读报纸和一些进步书刊，从报纸中看到俄国十月革命、五四运动等新闻，接触到

① 四方机车车辆厂志编纂委员会．四方机车车辆厂志（1900—1993）．济南：山东画报出版社，1996：618.

傅景阳

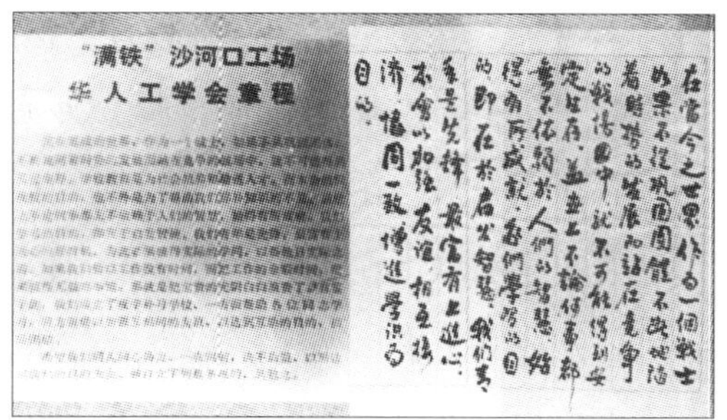

"满铁"沙河口工场
华人工学会章程

沙河口工场华人工学会章程

1923 年 12 月 2 日，中国东北地区第一个公开的工人组织——沙河口工场华人工学会成立，翌年改称"大连中华工学会"

孙中山的三民主义，逐步接受了民主主义思想，懂得了争取工人解放和拯救祖国的一些道理。1922 年初，傅景阳结识了到大连考察工人运动的罗章龙，认识到了建立工人团体的重要性[①]。王立功，又名王力工，1904 年出生于辽宁省大连市旅顺口一个农民家庭。少年时期，王立功在旅顺三涧堡公学堂读书时，看到日本教员动辄打骂体罚中国学生，深感不平，曾带领同学罢课。1920 年高小毕业后，他考入沙河口铁道工场技工养成所，在客车职场见习，目睹了中国工人被奴役的惨况，更加深了对日本帝国主义的仇恨。1920 年 5 月该场中日工人的

① 大连机车车辆工厂厂志编纂委员会．铁道部大连机车车辆工厂志（1899—1987）．大连：大连出版社，1993：713.

大罢工给了王立功很大的启发教育，他经常用节约的钱买进步书刊阅读，与进步同学一起探求救国救民的道理[①]。沙河口铁道工场的这些青年中国工人，形成了一股新生力量，在中国共产党的启发下，开始把自发斗争转化为自觉斗争。

大连这座城市在当时处在日本殖民者的直接统治之下，具有特殊性，中国工人公开成立工会，殖民当局肯定是不允许的，而成立地下组织，又不利于广大工人参加。经过多次讨论，傅景阳提出，在工会中间加一个“学”字，称为“沙河口工场华人工学会”，以示这个团体是中国工人学习的组织。傅景阳等人拟定的工学会章程共21条，开宗明义便写道：“在当今之世界，作为一个战士，如果不从巩固团体，不断地随着时势的发展而站在竞争的战场中，就不可能得到安定生存，盖世上不论何事都无不依赖于人们的智慧，始得有所成就。我们学习的目的，即在于启发智能，我们青年是先锋，最富有上进心。”这当然只是隐瞒真实目的的话。但章程也强调：“我们同人，同心协力，一直向前，决不后退，以至达到我们的目的为止。”[②]为了解决在当局的备案问题，傅景阳等人聘请了“大连中华青年会”会长、《泰东日报》编辑长傅立鱼为工学会顾问，委托傅立鱼请满铁顾问、《泰东日报》日人社长金子雪斋出面协助，向当局办成了合法的社团手续。1923 年 10 月 10 日，沙河口铁道工场工人就以沙河口工场华人工学会筹备会的名义，参加了“大连中华青年会”等组织的“双十节”爱国游行和提灯晚会。

1923 年 12 月 2 日，沙河口工场华人工学会召开成立大会，会址设在沙河口黄金町 107 号，除了挂起工学会的牌子外，还挂了一块“工人业余学校”的牌子。在二楼讲台迎面墙上，则挂有“劳工神圣”的匾额，揭示了工学会真正的主旨。大会选举傅景阳为会长，于景龙等为副会长，按章程设置文牍、夜学、讲演、体育、娱乐、救济、交际 7 个部。工学会成立之日起，就对工人进

---

① 大连机车车辆工厂厂志编纂委员会. 铁道部大连机车车辆工厂志（1899—1987）. 大连：大连出版社，1993：715.

② 同①623.

大连中华工学会会址

行政治思想教育，提高工人觉悟。虽然工学会没有明设政治课，但教员秘密地以文化课为掩护，随时向工人宣讲时事、工人运动和革命道理。教员都是兼职和义务的，大都是从青年会和公学堂的爱国知识分子中聘请的。12 月下旬，中国共产党派到东北开展工人运动的京汉铁路总工会秘书长、中国劳动组合书记部干事、共产党员李震瀛和共产党员陈为人，从哈尔滨回上海途经大连时，得知大连成立了工学会，就拜访了傅景阳。从此，工学会与中国劳动组合书记部取得了联系。1924 年 1 月末，李震瀛受党中央和中国劳动组合书记部的指派，专程来大连开展革命活动。李震瀛帮助工学会按照中国工会的形式修改了章程，并提议工学会改名为“大连中华工学会”，使其发展成为大连地方工会组织。李震瀛还帮助建立了大连团组织，由傅景阳担任中国社会主义青年团大连特别支部工运委员。从此，工学会便在上级党和大连地方团组织的直接领导下开展活动。李震瀛第二次赴大连工作后，向邓中夏汇报，邓中夏非常重视，也于 1924 年到大连，同傅景阳会面。邓中夏对大连工人运动提出了指导意见，指出应从大连到长春宽城子全线都组织起工会，以大连为基点，从大连向北发展，辐射东北。邓中夏还向傅景阳推荐《向导》《劳动周报》等革命刊物，指导工学会的组织建设和思想建设。邓中夏还向工学会推荐了革命歌曲《最后胜利是我们的》，歌中唱道："我们工人创造世界人类住食衣，不做工的资产阶级反把我们欺，起来起来同心协力坚固我团体，努力奋斗最后胜利定是我们的！"这首歌后来被工学会定为会歌[①]。邓中夏离开大连后，中国劳动组合书记部定期给工学会秘密寄送革命刊物。遵循李震瀛和邓中夏的指导，工学会在大连日资企业里大力发展会员，到1924年底，其会员达到1 000余人。1924年12月2日，工学会召开第二届会员代表大会，修改了章程，并正式更名为"大连中华工学会"，傅景阳被选举为委员长[②]。1925年，傅景阳加入中国共产党，成为大连地区最早的中共党员。就这样，与关内那些中车机厂一样，中车沙河口铁道工场在中国共产党的指导下，以工人骨干为核心，打造了以工会组织为标志的红色基因，将工人的自发斗争引向了自觉斗争。与很多地区的中车机厂一样，大连的中车机厂也成为当地工人运动的中心。这再一次表明了中车是中国共产党领导的工人运动的红色先锋。

1925年五卅惨案发生后，大连中华工学会联合大连5个团体，召开紧急会议，组织成立了"沪案后援会"。6月16日起，大连十余家工厂、学校先后举行罢工、罢课、示威游行和募捐活动。6月21日，"沪案后援会"冲破殖民当局的阻扰和破坏，在永善茶园举行了以工人为主、社会各阶层群众参与的全市性"五卅殉难烈士追悼会"。声援活动持续了1个多月，大连各界群众先后三批捐款11 468元，汇寄上海总工会，以示慰问和声援。在此期间，沙河口铁道工场的中日工人召开了茶话会，旨在减少摩擦、增进团结，定名为"中日工人恳亲会"。6月20日，傅景阳代表中国工人向日本厂方提出要求，包括每人每月增加房租补助津贴3元5角、每月工资按小银元发给、此后工厂不得任意裁人及减少工人薪金等。傅景阳、王立功又草拟申请书，6月22日转呈满铁社长，迫使满铁

① 工厂简史编委会. 大连机车车辆厂简史（1899—1999）. 北京：中国铁道出版社，1999：53.

② 大连机车车辆工厂厂志编纂委员会. 铁道部大连机车车辆工厂志（1899—1987）. 大连：大连出版社，1993：624-625.

在7月初答应了中国工人的要求。大连中华工学会的活动教育了工人，入会工人越来越多，到1925年末，会员发展到3 000人。1926年初，中共大连地方党组织建立后，大连中华工学会内设党团支部，建立了党的领导核心。随着大连工人运动的发展，中共大连地委把工学会作为培养党员的重要阵地[①]。

与青岛、唐山等地一样，大连的中车红色基因辐射力超出了铁路工业。1926年4月27日，大连中华工学会领导福纺纱厂近千名中国工人举行了总罢工，傅景阳是其主要领导人之一。罢工期间，王立功多次化装去福纺纱厂工人宿舍了解情况，帮助工人解决困难。6月25日，日本警察逮捕了傅景阳等工学会代表，但福纺纱厂大罢工得到了中华全国总工会及各地工人团体的声援和资助，在罢工坚持了100天后，日本殖民当局不得不屈服，基本答应了罢工工人的要求。8月4日，罢工取得胜利。此时，大连中华工学会的会员已经达到4 000余人，遍布市内13个日资工厂。1926年，南满铁路附属地罢工60起，累计罢工308天、12 715人次参与罢工[②]。与此同时，大连工人与关内工人的联系也日益紧密，不断派出代表参加在关内举行的全国铁路总工会代表大会、全国劳动大会等。

大连中华工学会的活动严重威胁到日本殖民当局的统治。在侦破中共大连地下党组织后，日本殖民当局于1927年8月20日查封了大连中华工学会。傅景阳1926年被捕后，在狱中受尽酷刑，但始终坚贞不屈，没有暴露个人身份和党组织的情况。他对探监的家属说："大丈夫生而何欢，死而何惧！"他还利用送饭的机会传递字条，鼓励难友坚持斗争。在中国共产党的努力营救下，日本殖民当局于1927年3月30日将傅景阳释放并遣送回原籍。傅景阳出狱后，曾潜往奉天、哈尔滨一带寻找党组织，但都未能如愿。在失掉与组织的联系和生活潦倒的困境中，傅景阳身患重病，于1942年病逝于沈阳[③]。王立功于1926年入党，

---

① 大连机车车辆工厂厂志编纂委员会．铁道部大连机车车辆工厂志（1899—1987）．大连：大连出版社，1993：625–626．

② 同①626.

③ 同①714–715．

在中共大连市委遭到破坏后，根据党组织的指示北上，走上职业革命家的道路，由于工作积劳成疾，于 1934 年病逝。王立功曾化名刘芳，给分别多年的弟弟王立贞写了一封信，信中写道："为了真理和大家的事，很忙碌，所以不能帮着你去过日子，也许你可以明白我的意思吧……"[①] 为了"真理"还有"大家的事"，中车的工人党员们英勇斗争、无私奉献，这正是中车红色基因闪耀的光芒。

由于东北历史与地理的特殊性，哈尔滨厂是中车最早接触马列主义的早期实体，但是，哈尔滨厂的中国工人长期受俄国工人影响，其斗争附属于俄国革命，缺乏中国无产阶级自身的主体性。直到中国共产党成立后，这一局面才得到改变，也才真正形成了自己的红色基因。1921 年 12 月，罗章龙曾到东北视察工运情况，调研了哈尔滨厂。但此时，中国共产党还没有实力深入离党的工作中心较为遥远的东北雪国。此后的两年多时间里，哈尔滨厂的中国工人仍然在进行各种自发的经济斗争与爱国运动，还参加了俄国工人推翻白俄当局的斗争。1923 年 3 月，中共北方区委和中国劳动组合书记部北京分部派李震瀛和陈为人到哈尔滨开辟党的工作，同年 7 月，在哈尔滨进步青年中发展了 5 名团员，成立了中国社会主义青年团哈尔滨支部，其中就有哈尔滨厂的青年工人马新吾。但此后，党团组织工作一度陷于停顿[②]。1924 年 2 月，中东铁路管理局的白俄局长被驱除，当年 10 月，哈尔滨厂实行中苏共管，这时该厂有中国工人 1 038 名，苏联工人 632 名[③]。这给了中国共产党重新在哈尔滨厂组织工人运动的好机会。就在当月，中共中央派吴丽实到哈尔滨开展党的工作。吴丽实到哈尔滨后，把涣散的 5 名团员组成了一个小组，由马新吾任组长，此时，马新吾从团员转为党员，成为了哈尔滨厂的第一名中共党员。吴丽实则以小工的身份，在哈尔滨厂和地包机务段开展党的秘密工作。不久，全国铁路总工会陆续

---

① 大连机车车辆工厂厂志编纂委员会．铁道部大连机车车辆工厂志（1899—1987）．大连：大连出版社，1993：716.

② 李广健．哈尔滨车辆厂志（1898—1995）．哈尔滨：哈尔滨出版社，1998：467.

③ 同②26.

派姜文洲、王麟书、刘铁牛、王荷波等中共党员到哈尔滨，借招工之机打入中东铁路，和吴丽实一起开展工作。吴丽实倡导成立了东铁青年协进会，吸引了不少进步青年工人加入，并在此基础上发展了4名党员、5名团员，其中就有哈尔滨厂的工人郑升。1925年2月初，哈尔滨建立了以哈尔滨厂和地包机务段的工人为基础的第一个铁路工人党支部，由吴丽实任支部书记。由于党团员不断增加，铁路工人党支部分为总工厂和地包机务段两个支部，均隶属于中共哈尔滨特支领导，总工厂党支部由马新吾任支部书记[①]。可以说，到此时，哈尔滨厂的红色萌芽，在中国共产党的培育下，正式成长为刻进企业文化里的红色基因。

1925年6月18日，哈尔滨厂成立了支援五卅运动的募捐团。6月25日，中苏工人在工厂俱乐部召开“雪耻大会”。1926年1月20日，哈尔滨地方当局取消哈尔滨厂苏俄职工联合会，该厂苏联工人以汽笛为号举行罢工，中国警察进厂镇压。7月20日，哈尔滨厂工人掀起反对黄色工会工业维持会的斗争。11月21日，哈尔滨厂99名工人因所谓“宣传赤化”的嫌疑，被东省特别区警察管理处探访局拘捕，其中有12名苏联工人。1927年2月24日，货车分厂工人阎海林又带领分厂工人与工业维持会展开斗争，拒绝交纳会费[②]。在当时的哈尔滨，尽管苏联具有一定的影响力，但并不能和沙皇俄国此前的影响相提并论，而中国军阀当局比从前有了更强的控制力。因此，中国共产党在哈尔滨并不能大张旗鼓地活动，哈尔滨厂的中苏工人运动也受到很多限制。1925年12月，哈尔滨的党组织一度受到破坏，影响到哈尔滨厂的党支部与工人组织。1926年12月，哈尔滨厂恢复了党支部，支部书记由王光禄担任，共有5名党员。但1927年2月初，设在王光禄住处的中共北满地委通信站被破坏，王光禄也被捕[③]。可以说，与此前不同的是，在中国军阀强化了对东北统治的新形势下，哈尔滨厂的工人运动反而面临着更大的困难与阻力。此后，日本帝国主义策动

① 李广健．哈尔滨车辆厂志（1898—1995）．哈尔滨：哈尔滨出版社，1998：468．

② 同①26–27．

③ 同①468．

九一八事变，成立傀儡政权伪满洲国，东北的形势更为恶化。1934年9月，在日本的压力下，苏联将中东铁路卖给了伪满洲国，1935年3月，日本铁道省派人接收哈尔滨厂，将工厂改名为北满铁路哈尔滨铁道工厂。当年，工厂将苏联籍员工全部遣送回苏联，将日工资从1元2角降为4角，工作时间从8小时改为10小时，并取消原中东铁路时期一切福利待遇[①]。在日本帝国主义的殖民统治下，哈尔滨厂几十年的工人斗争成果出现了大倒退。但是，红色基因已经形成就不会轻易消失，中国共产党在哈尔滨厂组建了地下党支部，与日伪当局开展着艰苦卓绝的秘密斗争。

1912年，京奉铁路局在沈阳皇姑屯机务段内建立了俗称为"花车房"的客车库，即皇姑屯客货车修理厂，其工人大多来自唐山厂。1925年，北洋政府交通部投资兴建了皇姑屯修车厂，因为当时东北的哈尔滨厂和沙河口铁道工场都不为中国修造机车车辆，奉榆铁路线上的车辆只能送往唐山检修，唐山厂难以应付。1928年，皇姑屯厂竣工，8月20日开工投产。该厂虽为中国人自建，但聘用了英国人担任厂长，此时中国轨道交通装备制造业的半殖民地性质可见一斑。1931年九一八事变前，该厂检修机车66台、客车与守车129辆、货车1 149辆[②]。可以说，皇姑屯厂在中车早期实体中是成立得比较晚的。不过，在该厂正式成立前，已有皇姑屯客货车修理厂这一前身。皇姑屯客货车修理厂的工人很多来自唐山厂，因此，该厂的工人与唐山厂的工人同气连枝，在斗争上具有联动性。1922年，邓培领导唐山厂工人进行全厂大罢工时，皇姑屯客货车修理厂的工人开展募捐活动对其进行声援。唐山厂罢工胜利后，厂方十分恐惧，以皇姑屯客货车修理厂扩建为名，将一部分罢工积极分子调到皇姑屯，其中包括共产党员王贺明、罗占先、朱志安等。邓培因势利导，决定在皇姑屯铁路工人中发展革命力量。1922年11月，王贺明等来到皇姑屯客货车修理厂，年底，在唐山厂职工会的帮助下，皇姑屯客货车修理厂建立了基层分会，并于

① 李广健．哈尔滨车辆厂志（1898—1995）．哈尔滨：哈尔滨出版社，1998：29．

②《沈阳机车车辆工厂志》编纂编员会．沈阳机车车辆工厂志．沈阳：辽宁大学出版社，1987：2–3．

皇姑屯厂正门

1923 年 1 月派代表赴唐山参加了京奉铁路总工会成立大会。此后，皇姑屯客货车修理厂党小组秘密成立，共有党员 4 人，负责人为王贺明[①]。皇姑屯厂的红色基因可溯源至此。

二七惨案后，皇姑屯客货车修理厂的党组织坚持活动，经常在偏僻荒郊秘密开会，研究斗争策略。1923 年秋和 1924 年夏，邓培曾两次到皇姑屯指导工作，要求共产党员坚持在工人中间开展宣传活动。1925 年，皇姑屯厂正式动工兴建后，大批唐山厂的工人来到皇姑屯，形势为之一变。当年 4 月，京奉铁路总工会党团书记以卖肥皂为名来到皇姑屯，在工人蔡恩起家里秘密成立了皇姑屯赤色工会。皇姑屯赤色工会成立不久，就在皇姑屯客货车修理厂发起了反对厂方侵吞工人花红和煤票的斗争，并取得胜利。然而，随着奉系军阀张作霖大肆镇压工人运动，皇姑屯赤色工会只能转入地下活动，最后终于解体[②]。不过，就像在哈尔滨厂那样，皇姑屯的党和工会组织不断被破坏，又不断重建。中共唐山地委书记何孟雄屡次派人到皇姑屯指导工作，而唐山的党组织被破坏后，

---

① 《沈阳机车车辆工厂志》编纂编员会．沈阳机车车辆工厂志．沈阳：辽宁大学出版社，1987：23.

② 同①24.

皇姑屯也成为一个重要的接应点。1928 年 8 月，皇姑屯厂建成投产，京奉铁路局又从唐山厂抽调大批技术工人到皇姑屯厂，其中包括共产党员张以修等。当年 11 月，皇姑屯厂之前的支部书记陈同和与张以修一道，组织成立了皇姑屯厂党团支部委员会，此后建立了赤色工会。赤色工会成立后，与刁难工人的员司进行了公开斗争，使其不敢再明目张胆地欺压工人。1929 年 6 月，中共中央任命刘少奇为第五届满洲省委书记，东北的工人运动进入新阶段，皇姑屯厂工人的罢工斗争也不断取得胜利，并从经济斗争转向政治斗争。但九一八事变后，日本侵略者于 1934 年完全攫夺了皇姑屯厂的管理权，在厂内实行残酷统治，形势日益恶化，陈同和于当年病逝，大多数党员相继离厂前往关内，个别党员留在厂内坚持斗争，经历了艰难的漫长岁月①。

总的来看，中国共产党成立后，随着党在东北开展活动，东北的中车诸实体在很多方面开始与关内兄弟企业共振，其红色基因也在党的领导下正式形成，并遵循一般的斗争节律。不过，东北中车工人运动与关内中车工人运动既有同步之处，又有不同步之处。1927 年 4 月，蒋介石背叛革命后，东北奉系军阀和日本殖民侵略者也与之同步，大肆屠杀共产党员，镇压工人运动，这使东北中车工人运动与关内中车工人运动同步进入低潮，党的斗争转向地下。但是，奉系军阀毕竟与蒋介石不同心，这就使 1927 年后，在新建的皇姑屯厂，工人运动一度有所发展，并体现出与关内中车工人运动兴起时一样的特征。1931 年九一八事变后，日本逐渐攫取了对整个中国东北的控制权，东北的形势又出现巨变，东北中车工人的斗争遂再一次呈现出与关内不同的特点。但总的来说，1927 年大革命失败后，东北与关内的中车工人斗争都以秘密的、地下的形式为主要特点。

六 起义先锋

上海是近代中国的工业中心，也是红色中心之一。然而，上海也是帝国主

① 《沈阳机车车辆工厂志》编纂编员会．沈阳机车车辆工厂志．沈阳：辽宁大学出版社，1987：25–28．

义势力最集中的地方，是各路军阀、各方势力争夺财源的地方，上海的工人运动往往面临着更直接的压力。上海虽然是近代中国的工业中心，但其工业企业主要是纱厂等轻工企业，铁路工业在上海发源虽早，影响力却不像在北方那么大。因此，中车在上海的吴淞机厂虽然较早产生了工人的自发斗争，但受到了较多压制，红色基因的正式形成较晚。在五四运动后一个时期内，吴淞机厂的工人运动主要还停留在自发的经济斗争阶段。例如，1920 年 7 月 15 日，吴淞机厂 500 余名工人，因"米薪昂贵，所得工资，不敷开销"，要求路局加薪，举行了全体罢工，路局允诺"各工匠每天加给大洋一角"，工人们就于 17 日复工了[①]。二七惨案发生后，吴淞机厂的工人曾想进行声援，但由于厂方的严密监控未能实施。不过在大革命的风浪中，吴淞机厂也成了红色先锋。

1923 年 7 月，中共上海地方委员会为了加强对工人运动的领导，设立劳动运动委员会，由王荷波统揽全局并具体负责铁路、船厂工人运动。吴淞机厂自然成为王荷波的重点活动地区。经过王荷波的宣传动员，吴淞机厂有 14 名工人参加了吴淞地区的工会组织[②]。王荷波在中国共产党领导的工人运动史上，发挥了重大作用，是中车红色基因得以发展的核心人物。1927 年，在武汉举行的中国共产党第五次全国代表大会上，第一次选举产生中央监察委员会，由正式委员 7 人、候补委员 3 人组成，王荷波为监察委员会主席。王荷波、邓培等人的成长，充分体现了中车工人在中国共产党早期历史中的重要地位。

吴淞机厂冷作间的工人孙津川是该厂最早接受马列主义的工人之一。孙津川出生在贫农家庭，曾在南京的金陵制造局当学徒，学成后到上海谋生，1923 年春进入吴淞机厂当钳工。1923 年下半年，孙津川与中共上海地方委员会委员徐梅坤建立了联系，开始革命活动。1924 年 5 月，吴淞机厂部分工人参加了

① 中华全国总工会中国工人运动史研究室．中国工运史料：第一至八期：上．北京：工人出版社，1984：97.

② 政协常州市武进区委员会，中车戚墅堰机车有限公司．穿越世纪的记忆．南京：江苏人民出版社，2017：15.

孙津川

中国共产党在吴淞镇创办的平民学校，这使吴淞机厂的工人骨干提升了政治觉悟。1925 年 1 月，中国共产党决定在沪宁、沪杭两路迅速组织工会和发展党组织，而吴淞机厂正是在两路开展工运的突破口[①]。

1925 年五卅运动期间，位于上海的吴淞机厂处在斗争的最前线，该厂工人直接参与了斗争。6 月 1 日，吴淞机厂百余名工人响应上海市总工会的号召，参加了南京路的反帝示威大游行，同日，留厂工人则罢工半天，以示声援[②]。在工人罢工和参与游行前，吴淞机厂厂长毛尔维和工头曾软硬兼施，对工人进行威胁："我们沪宁铁路工人的生活是好的，你们有什么要求尽管说，别的厂怎么办，我们也怎么办。你们不要听人家的，想想要不要在厂里干下去了。"但工人们不予理睬，坚定地参加总罢工[③]。这表明，吴淞机厂的工人已经受到政治启蒙，开始从自发的经济斗争，转向自觉的政治斗争，承担起中国工人阶级在近代的历史使命。

五卅运动成为吴淞机厂红色基因发育的重要转折点。1925 年 6 月，共产党员王警东、彭干臣受全国铁路总工会和上海市总工会委派，到吴淞机厂开展工人运动。王警东是王荷波的胞弟，在哥哥的影响下也走上了革命道路。他们在

---

① 政协常州市武进区委员会，中车戚墅堰机车有限公司．穿越世纪的记忆．南京：江苏人民出版社，2017：16.

② 戚墅堰机车车辆厂厂志编纂委员会．戚墅堰机车车辆厂志（1905—1988）．上海：生活·读书·新知三联书店上海分店，1994：258.

③ 同①16.

孙津川的配合下，开办了工人夜校，成立了工人俱乐部。当年 8 月，孙津川加入中国共产党。10 月，吴淞机厂蔡景海、常广海、孟锦福、姜加声等工人骨干先后入党。到年底，吴淞机厂就成立了党支部，孙津川任支部书记[①]。这意味着，吴淞机厂的红色基因，也正式形成了。在中国共产党的领导下，吴淞机厂的工人运动蓬勃发展，工人俱乐部扩大了规模，改名“友谊社”，以迷惑敌人。1926 年 7 月，吴淞机厂党支部通过友谊社发动群众，进行了取消“头目钱”的罢工斗争，迫使工头答应工人提出的要求，取消了工人每月要向工头送钱这一陋规。当时，吴淞机厂的 700 余名工人中，已有共产党员 8 名、共青团员 5 名、工人积极分子近百名[②]。党组织和工人组织的壮大，为即将到来的武装斗争做好了准备。

1926 年，随着广东国民政府的北伐，五卅运动后暂时处于低潮的上海工人运动重新高涨起来。在中国共产党的领导下，当年 6 月至 9 月，上海工人举行了 100 余次罢工，参加人数超过 20 万。这其中自然也包含了吴淞机厂工人的斗争。1926 年 10 月 24 日凌晨，上海工人在中共上海区委领导下举行了第一次武装起义。起义前，中共上海区委密令吴淞机厂工人切断沪宁线，支援北伐，配合起义。10 月 21 日，吴淞机厂工人在沪宁线、淞沪线上同时破坏铁路成功。当天深夜，孙津川带着一批工人抵达高资站、镇江站之间裕桥北面的铁路双桥西，切断镇江至南京的电信联系，然后将两根铁轨的道钉全部起出，卸下接轨钢板，让其浮设于原处。次日 0 点 45 分，一列火车经过时翻车，6 节车厢出轨，4 根铁轨毁坏。同晚，蔡景海则带着吴淞机厂另一批工人，按预定计划在淞沪铁路线上完成了破坏任务。列车颠覆后，镇江站向沪宁两站告急，上海北站接电后，通知车务、机务前往营救，同时，两路局长给吴淞机厂厂长毛尔维打电话，让他率人火速前往抢修。毛尔维立即从上海北站乘列车赶往吴淞，调集救援列车前往镇江。当毛尔维的列车驶到张华浜支线时，正好进入被破坏的那段

① 戚墅堰机车车辆厂厂志编纂委员会．戚墅堰机车车辆厂志（1905—1988）．上海：生活·读书·新知三联书店上海分店，1994：258.

② 政协常州市武进区委员会，中车戚墅堰机车有限公司．穿越世纪的记忆．南京：江苏人民出版社，2017：18.

铁路，随着一声巨响，列车脱轨，毛尔维被抛出车厢，受了伤。他只好忍着剧痛回到小洋房，指示手下先修好张华浜支线。然而，参与抢修的工人得知毛尔维的列车出轨、其本人受伤的消息后，都觉得大快人心，于是消极怠工、敷衍了事，直到下午才把路轨接好。但刚接好的路轨又被孙津川暗中破坏了。就这样，直到第二天上午 10 时 20 分，吴淞机厂的救险车才开出，赶到镇江已是下午 5 时，直到 23 日晚上，线路还是没有修复[①]。可以说，吴淞机厂的工人有力地支援了武装起义。不过，由于起义的准备工作很不充分、时机极不成熟、大部分工人并没有被组织起来，第一次起义很快就遭遇失败。

1927 年初，北伐军分三路向安徽、浙江、江苏等省进攻，2 月 17 日，北伐军占领杭州，2 月 18 日，北伐军先头部队抵达嘉兴。中共中央和上海区委立即决定组织上海人民积极行动起来，准备武装夺权。2 月 19 日，上海总工会发布总同盟罢工命令，在“罢工响应北伐军”的口号下，罢工工人达 36 万人。本来罢工是为了配合北伐军夺取上海，不料北伐军在嘉兴止步不前，2 月 20 日，中共中央经过反复讨论，决定把总同盟罢工转变为武装起义。2 月 21 日，罢工工人奋起袭击军警，夺取武器。但由于海军两舰配合起义的计划泄露，被迫提前开炮，整个起义计划被打乱，而离上海不远的白崇禧部队又根据蒋介石的命令，拒绝工人请予援助的要求，起义被军阀残酷镇压下去[②]。在这次起义前，中共上海区委要求吴淞机厂的工人侦察上海至苏州一带的敌情，并伺机破坏铁路。吴淞机厂党支部派人徒步行至苏州执行任务。但因为沿线戒备甚严，未能成功破坏铁路，只把侦察所得，向上级做了汇报[③]。

上海工人第二次武装起义失败后，中共中央和上海区委立即着手准备第三

---

① 政协常州市武进区委员会，中车戚墅堰机车有限公司．穿越世纪的记忆．南京：江苏人民出版社，2017：20–21．

② 中共中央党史研究室．中国共产党历史：第 1 卷，1921—1949：上册．北京：中共党史出版社，2011：182–183．

③ 戚墅堰机车车辆厂厂志编纂委员会．戚墅堰机车车辆厂志（1905—1988）．上海：生活・读书・新知三联书店上海分店，1994：258.

次武装起义，决定联合组成特别委员会并将其作为起义最高指挥机关，由陈独秀、罗亦农、赵世炎、周恩来等任委员。特别委员会总结前两次起义失败的经验教训，精心制定计划，并进行周密的准备，例如，组建武装工人纠察队，进行秘密的军事训练，在市民中开展广泛政治动员，召开市民代表会议等。起义总指挥由周恩来担任。3月19日，特别委员会发布了《中共上海区委行动大纲》，拟定了《各部作战计划》，提出此次武装起义的策略是："罢工后立即暴动，夺取警察局；以纠察队维持治安，解除直鲁军败兵的武装；占领各公共机关，成立市政府，欢迎北伐军。"①起义前，特别委员会总结经验教训，十分重视铁路工人的罢工，要求吴淞机厂工人于3月5日率先罢工。为此，周恩来亲临吴淞，与孙津川一起落实罢工部署，成立吴淞机厂罢工委员会。5日下午，全厂700多名工人开始罢工。7日，沪杭铁路机务段、上海北站等铁路工人相继罢工。12日，沪宁铁路总工会在罢工高潮中成立。13日，罢工的铁路工人增至1 800余名。在实现了上海地区铁路工人联合罢工、断绝了铁路交通的同时，上海铁路总工会成立了以吴淞机厂工人为骨干的上海铁路工人纠察队，共600名工人。在上海工人第三次武装起义中，吴淞机厂的工人又一次担任了先锋。

3月20日，北伐军进抵上海近郊龙华，特别委员会当机立断，于21日及时发动上海工人总同盟罢工，并随即转为武装起义。起义工人依靠自己的力量，使用劣势的武器装备，分别在南市、虹口、浦东、吴淞、沪东、沪西、闸北7个区域与敌人战斗，经过30个小时的激战，共歼敌5 000余人，缴获5 000多支枪等大量武器弹药②。吴淞机厂的留厂工人参加了吴淞的战斗，由孙津川任大队长的工人纠察队则参加了南市的战斗。21日下午1时，以小南门救火会钟楼的钟声为号，南市各路工人纠察队统一行动，发动进攻。孙津川率领以吴淞机厂工人为骨干的200余名纠察队员，先到南码头集中，然后分兵袭击大东门外关桥南面的第一区警察署，夺得10余支枪械。在与另一路成功夺

①② 中共中央党史研究室．中国共产党历史：第1卷，1921—1949：上册．北京：中共党史出版社，2011：183.

上海铁路总工会成立了以吴淞机厂工人为骨干的上海铁路工人纠察队

取武器的铁路工人纠察队汇合后，孙津川率领工人们向铁路南站挺进，南站军警被迫缴械。接着，吴淞机厂工人在孙津川带领下，配合总工会的主攻部队，攻打高昌庙军阀李宝章的司令部。高昌庙司令部有两道门岗。工人纠察队走近司令部时，里面突然开出一辆小汽车，孙津川立即向头道门岗哨兵射击，曾经在司令部当过守卫的一个纠察队员乘机夺取了另一个哨兵的枪支，埋伏在外面的工人一听到枪响，蜂拥而上，截住汽车。司令部第二道门岗的哨兵想要还击，又怕误伤了小汽车里的两个军官，于是哨兵就向门里跑。工人们把两个军官从小汽车里拖出来绑了，押着他们冲入司令部。敌人吓得四散逃窜，负隅顽抗者均被打死或打伤。战斗很快就胜利结束。最后，孙津川又带领铁路工人纠察队赶往高昌庙兵工厂参与战斗。在工人们的英勇战斗下，南市的战斗在 4 小时内就取得了胜利。孙津川在战斗中冲锋在前，礼帽被子弹打了一个洞。铁路工人占领南站后，立即组织对铁路和机车的抢修。下午 4 时，吴淞机厂司机赵刚扬等到南站机车房开出 1 台机车，插上红旗，载着铁路工人纠察队员驶往龙华，欢迎北伐军。此后，铁路工人继续为北伐军抢修铁路。在闸北，军阀部队负隅顽抗，直到下午 4 时还盘踞在北站、东方图书馆和天通庵车站这 3 个据点里。铁路工人纠察队赶到北站后，立即投入围攻。这时，周恩来接到吴淞铁路工人送来的一份紧急情报：淞沪线上有一列载有敌军500余人的军车准备开回上海，要上海方面注意对付。周恩来立即命令吴淞机厂工人纠察队赶往江湾、天通庵之间的弯道处参与破路活动。傍晚，当军车驶往弯道时，司机感到路轨松动，迅速跳离军车，无人驾驶的军车随即出轨倾倒，埋伏在四周的纠察队立即向军车开火，最终迫使敌人缴械投降，俘虏300余人。22日下午4时，周恩来亲临前线指挥对北站的总攻。吴淞机厂工人纠察队参加了战斗，年仅24岁的共产党员王桂荣在爆破碉堡的战斗中壮烈牺牲。下午6时，吴淞机厂工人纠察队胜利占领了北站。23日晚，上海总工会下达复工命令，铁路工人在孙津川的领导下，率先复工①。自始至终，吴淞机厂工人都在上海工人武装起义中起到了先锋作用。上海工人第三次武装起义胜利后，孙津川当选为上海市总工会执行委员、沪宁沪杭甬铁路总工会委员长。

上海工人第三次武装起义，是大革命时期中国工人运动的一次壮举，是北伐战争时期工人运动的最高峰②。吴淞机厂的工人在这次起义中充当了先锋，也标志着中国共产党所领导的中车工人运动，在土地革命战争前达到了一个最高峰。

然而，1927年4月12日，蒋介石背叛革命，发动了举世震惊的四一二反革命政变，对中国共产党和工农群众残酷屠杀、肆意迫害，大革命最终失败，中国工人运动在相当长的一段时间内转入低潮，中国革命的中心也由城市逐渐转移到农村。邓中夏、何孟雄等领导人均以热血浇灌了党的革命事业。在白色恐怖之下，中车工人也用鲜血将红色基因染得更加殷红。在白色恐怖的中心上海，孙津川于4月16日被捕，因吴淞机厂工人集体威逼厂长毛尔维而得到保释，出狱后遵照组织指示，离开吴淞机厂，偕家眷去武汉工作。1928年6月，

---

① 政协常州市武进区委员会，中车戚墅堰机车有限公司．穿越世纪的记忆．南京：江苏人民出版社，2017：22–25．

② 中共中央党史研究室．中国共产党历史：第1卷，1921—1949：上册．北京：中共党史出版社，2011：184．

时任中共南京市委书记的孙津川在南京被捕，10月6日，在雨花台英勇就义[①]。蒋介石在上海叛变革命后，1927年4月15日，广东新军阀叛变革命，疯狂搜捕共产党人和工会领导人，在广东组织铁路工人运动的邓培不幸被捕。4月22日，邓培被秘密杀害。邓培在唐山厂的同志王麟书，1924年夏被派赴莫斯科东方劳动大学学习，1925年夏回国后，在天津机厂开展工人运动，秘密组建天津铁路工会。1926年4月，王麟书被派往哈尔滨厂开展工人运动，1927年初被反动当局逮捕，1930年牺牲于哈尔滨。唐山厂的另一同志刘玉堂，1928年赴哈尔滨厂开展工人运动，1933年任保定特委书记时，因叛徒出卖而被捕，在武汉就义[②]。1927年10月18日，由于叛徒出卖，中共北方局书记王荷波等18名中共领导和有关负责人，在北京开会时被反动军警逮捕。王荷波在狱中经受了严刑拷打，没有透露半点党的秘密。奉系军阀张作霖怕政局不稳，迫不及待地签署了杀害王荷波等人的命令。11月11日深夜，王荷波等18人被残忍地秘密杀害。王荷波在遇难前，拜托一位可能出狱的难友对党组织提出的唯一要求，就是请党组织对他的子女加强革命教育，继承他的革命遗志，千万别走和他相反的道路[③]。回到章丘原籍的四方机厂党员郭恒祥，在党的指示下致力于农民运动，于1929年1月29日被章丘锦屏区区长指示狗腿子诱杀于三清观，尸体被扔到围墙外边，由当地贫民会会员秘密收走、掩埋[④]。1928年，日本侵略军在济南制造了五三惨案，李广义和济南机厂工会组织了救护队，与日本扶持的维持会发生冲突，被抓起来施以酷刑。李广义坚贞不屈，敌人拿他无可奈何，就将奄奄一息的他释放。伤病交加的李广义出狱后，只能回老家休养，在此期间，中共山东党组织由于叛徒出卖，连遭破坏，李广义与上级党组织失去了联

---

① 政协常州市武进区委员会，中车戚墅堰机车有限公司．穿越世纪的记忆．南京：江苏人民出版社，2017：28.

② 唐山机车车辆厂厂志编审委员会．唐山机车车辆厂厂志．北京：中国铁道出版社，1999：275.

③ 王守宪．铁血忠魂王荷波：从工人领袖到监委主席．北京：中国方正出版社，2019：284.

④ 四方机车车辆厂志编纂委员会．四方机车车辆厂志（1900—1993）．济南：山东画报出版社，1996：618.

系，1945年在老家龙山村怀着遗憾病逝[①]。长辛店机厂的史文彬1924年出狱后，奔波于京汉铁路南北，帮助各站恢复工会，于1926年在北京第二次被捕，解往张家口监狱，被营救出狱后，即在京绥路工会工作。四一二反革命政变后，史文彬跟随中共中央秘密迁到上海，转入地下，做党的交通工作和全国总工会工作，1928年6月被选为候补中央委员，1929年到河南任省委书记。1931年，在王明的错误路线影响下，史文彬被开除党籍，因生活无着而秘密回到山东老家。1940年，史文彬终于与党取得联系。1942年冬，中共中央回电中共清河区委：确定有这么一位老同志，要特别照顾，现将他接出，待机转送延安。史文彬听到这一消息后，眼含泪花，连声说“找到了！找到了！”[②]这声声“找到了”，体现的是中车党员对党组织的忠诚，是中车红色基因刻下的思想钢印。

什么是中车的红色基因？这就是中国共产党领导下的中车工人勇于承担历史使命、英勇无畏战斗、忘我无私奉献的精神。这一精神，产生于中车的各个机厂，成型于长辛店，扩散于各条铁路线，在京汉铁路工人大罢工中被鲜血浇灌，怒放于大革命的时代浪潮中，在上海工人第三次武装起义中一往无前，所向披靡。尽管1927年的四一二反革命政变使中国城市工人运动陷入低潮，使中国革命的重心转移到广大农村，但用烈士精魂铸成的中车红色基因，如星星之火，在漫漫长夜里始终未曾熄灭，最终迎来了光明的那一天。中车红色基因，与日月同辉！

---

① 济南轨道交通装备有限责任公司．红色大厂（内部发行）. 2010：181.

② 中车北京二七机车有限公司．大道无疆：纪念中车北京二七机车有限公司120华诞．北京：中国工人出版社，2017：76–78.

红色传承——余论

红色基因，重在传承。中国共产党不但善于破坏一个旧世界，还善于建设一个新世界。在全国解放前夕，毛泽东指出："从中国境内肃清了帝国主义、封建主义、官僚资本主义和国民党的统治（这是帝国主义、封建主义和官僚资本主义三者的集中表现），还没有解决建立独立的完整的工业体系问题，只有待经济上获得了广大的发展，由落后的农业国变成了先进的工业国，才算最后地解决了这个问题。"① 他尤其强调了党在今后的历史使命："我们不但善于破坏一个旧世界，我们还将善于建设一个新世界。"② 中车工人在中国共产党的领导下，抛头颅，洒热血，英勇无畏地斗争，成为革命洪流中的一分子，换来了一个屹立于东方的中华人民共和国。红色风暴涤荡了束缚中国人民的旧制度之后，工业文化的发展就有了可能。中华人民共和国成立后，中国中车真正开始扮演一家先进的大工业企业的角色，去实现自己最根本的发展中国轨道交通装

---

① 毛泽东．毛泽东选集．第 4 卷．3 版．北京：人民出版社，2012：1433．

② 同①1439．

备的使命。中车的红色基因，通过中国共产党对企业的领导，得以传承。中车红色基因所包含的勇于承担历史使命、英勇无畏战斗、忘我无私奉献的精神，在新一代中车工人中得到继承，并从革命斗争转入辛勤建设，转入创新发展，形成了“产业报国、勇于创新、为中国梦提速”的中国高铁工人精神。在中华人民共和国发展的每一个阶段，中国中车都与之同行，呼应着时代主题，承担着新的使命。这就是中国中车红色基因的传承。

1949 年 10 月 1 日，中华人民共和国宣告成立。中国人民革命的胜利和中华人民共和国的成立，揭开了中国历史的新篇章，开启了中国历史发展的新纪元。领导和组织这场革命取得胜利的中国共产党，从在革命根据地、解放区局部执政的党成为执掌全国政权的党，担负起领导全国各族人民建设新国家、新社会的重任，党的历史揭开了新的篇章。在中国共产党领导下的中国中车，也迎来了新的历史，开始承担并完成新的历史使命。无论是白手起家建设社会主义工业，还是响应号召支援三线建设、转变思想投身改革开放、在新时代里自主创新，中国中车都始终在党的领导下，与国家发展同行，这就是中国中车红色基因的传承。

中车伴随着中华人民共和国的成立而诞生，并为中华人民共和国的建立做出了自己的贡献。在率先解放的东北，中车的几家企业较早被中国共产党接管，实行管理制度的民主改革，并以生产支援前线。中华人民共和国成立后，工人阶级成为国家的领导阶级，国营企业的工人由于实现了劳动者与生产资料占有者的统一，开始成为企业的主人。工人阶级当家作主，是包括中车工人在内的工人运动先驱们无畏斗争的胜利果实，足以告慰九泉之下的王荷波、邓培、孙津川、林祥谦、郭恒祥等一批中车出身的烈士。此时的中车，虽然还不是一个统一的企业，但各个从近代中国遗留下来的实体，都焕然一新。正当中国人民准备大展宏图创造新世界时，战火烧到了鸭绿江畔。在抗美援朝战争中，中车也做出了自己的贡献。奔赴朝鲜战场的中车工人，以不怕牺牲的战斗精神，在朝鲜战场建起了一条打不烂、炸不断的钢铁运输线，他们同样是“最

皇姑屯铁路工厂慰问团与抗美援朝职工合影

可爱的人”；留在祖国后方的中车工人，响应党的号召，开展增产节约的爱国主义劳动竞赛，订立“爱国公约”，优待军属，捐献飞机大炮，支援抗美援朝。

从 1949 年 10 月到 1952 年底，党和人民政府领导全国各族人民经过 3 年多的艰苦奋斗，使解放前遭到严重破坏的国民经济获得全面的恢复，并有了较大发展。交通运输作为国民经济的重要基础设施，是经济恢复的重点。1950 年 6 月，成渝铁路开始动工修筑，至 1952 年 7 月建成通车。这条铁路是清朝末年酝酿兴建的川汉铁路的一段，拖了近半个世纪没有铺上一根钢轨，而中华人民共和国成立后仅用两年时间就建成通车[①]。中车在铁路的恢复和发展中发挥了巨大作用，一些新的工厂也因此兴起。与一直以来的情形一样，中车各厂作为铁路工厂，与中国铁路的建设紧密联系。1953 年，中国开始了以实施发展国民经济第一个五年计划为中心的大规模经济建设。这一年，中国共产党正式提出逐步实现国家的社会主义工业化，逐步实现国家对农业、手工业和资本主义工商业的社会主义改造的过渡时期总路线，并把这条总路线作为党和国家一切工作

① 中共中央党史研究室．中国共产党历史：第 2 卷，1949—1978：上册．北京：中共党史出版社，2011：177．

1952年7月26日，成功试制出中华人民共和国第一台蒸汽机车“八一号”

1958年9月9日，试制出中华人民共和国第一台内燃机车，机车的3万多配件全部是中国制造

1958年9月26日，研制出新中国第一种干线电力传动内燃机车，命名为“巨龙型”

1958年12月28日，研制出我国第一台干线电力机车，后命名为“韶山1型”

1969年，研制出我国第一列地铁客车——北京DK1型，在北京地铁1号线运行

的指针[①]。在这一伟大的国家工业化进程中，中车的企业得到了充实，旧的工厂得到改造，新的工厂拔地而起，中国的铁路机车车辆工业真正成为了一个独立的专门化的工业行业。

作为为铁路运输提供装备的企业，中车创造新世界的历史使命主要体现在不断研制各类轨道交通装备，为满足我国的经济建设和人民生活提升的需求而服务。中国的轨道交通不断升级，中车就发挥着火车头的牵引作用。从蒸汽机车到内燃机车，再到电力机车，中国的铁路机车不断升级，牵引着各式车辆，沿着不断拓展的中国铁路线，将人员与物资输送到四面八方。中车人的艰苦奋斗，为大国现代经济体系的建立，奠定了坚实的基础。传承了红色基因的中车人，把革命年代的无畏斗争精神，转化为工业建设的自力更生精神，自强不息，用智慧和汗水推动着中国铁路机车车辆工业前行，实现了一次又一次的“从无到有”，以及一次又一次的工业跨越。

1978 年底召开的中央工作会议和党的十一届三中全会，在党和国家面临向何处去的重大历史关头，就关系党和国家前途命运的大政方针做出了正确的政治决断和战略抉择，实现了中华人民共和国成立以来中国共产党历史上具有深远意义的伟大转折[②]。中车也随着国家一起改革开放。习近平总书记强调：“解放和发展社会生产力是社会主义的本质要求，是中国共产党人接力探索、着力解决的重大问题。新中国成立以来特别是改革开放以来，在不到七十年的时间内，我们党带领人民坚定不移解放和发展社会生产力，走完了西方几百年的发展历程，推动我国快速成为世界第二大经济体。”[③]在改革开放的时代里，作为工业企业，中车要传承红色基因，就要通过调整生产关系来发展生产力，打造世界一流的先进轨道交通装备制造业。面对新时代的课题，通过一张张中国制

① 中共中央党史研究室. 中国共产党历史：第 2 卷，1949—1978：上册. 北京：中共党史出版社，2011：182.

② 中共中央党史研究室. 中国共产党历史：第 2 卷，1949—1978：下册. 北京：中共党史出版社，2011：1038.

③ 习近平. 论中国共产党历史. 北京：中央文献出版社，2021：204-205.

中国南车、中国北车揭牌仪式

2015 年 6 月 8 日，中国中车在上海证券交易所和香港联交所成功上市

造的大国名片，中国中车交出了令人满意的答卷。

在 20 世纪 80 年代初，计划经济体制下的政府工业管理部门被改组为专业公司，包含了铁路机车车辆工业各厂、各所属单位的中国铁路机车车辆工业总公司由此成立。这可以说是形式上第一次出现了“中车公司”。1986 年，铁道部成立了铁道部机车车辆工业总公司，原铁道部工业总局和中国铁路机车车辆工业总公司同时撤销。1989 年，该公司又改名为“中国铁路机车车辆工业总公司”，简称“中车公司”。2000年，中车公司一分为二，成立了中国南方机车车辆工业集团公司和中国北方机车车辆工业集团公司，这便是“中国南车”与“中国北车”。2007年12月28日、2008年7月17日，中国南车股份有限公司、中国北车股份有限公司先后成立，标志着分为南北车的中车在体制机制创新、打造具有国际竞争力的现代企业方面进入一个新的阶段。2008年8月18日、21日，中国南车A股、H股分别在上海证券交易所、香港联交所成功上市，募集到发展资金103亿元人民币。2009年12月29日，中国北车A股在上海证券交易所成功上市，募集资金达139亿元①。中车行进在国企改革的前列。随着时代发展，中国南车与中国北车再度合并，成为央企改革的排头兵。2015年6月1日，中国中车股份有限公司正式成立，并于6月8日在上海证券交易所和香港联交所成功上市。9月28日，中国中车集团公司召开成立大会，中车再次统一。中国中车集团公司的成立，是中国共产党领导中国工业由大变强的战略抉择，是中央企业深化改革的探索，也为中车红色基因的传承提供了更强有力的平台。

经济发展，交通先行。改革开放以来，为了打破交通运输能力对经济发展的制约，中国铁路进行了6次大提速，不断满足人民群众日益提升的出行需求，并为物资流动构筑起越发强大的运输动脉。铁路交通的升级，取决于铁路装备的升级，铁路装备的升级，依托于中车的创新，特别是在高速重载技术方向上全面实现牵引动力的现代化，而这正是中车在改革开放中传承红色基因的主要形式与内涵。听党话，跟党走，中车人用智慧和汗水，践行着新的时代使命，在改革开放中创造了一项又一项工业奇迹，打造出一台又一台大国重器。

进入21世纪后，中国进入高铁时代，纵横于神州大地的高速铁路，深刻地改变了国民的出行方式与社会生活，而中车正是中国高铁列车的制造者。为了使中国铁路实现质变，中车加速了技术创新，加快技术引进消化吸收再创新

① 《中国中车志》编委会．中国中车志（1881—2015）．北京：中国铁道出版社，2017：35．

东风系列是改革开放后中国内燃机车的主力，1982 年 12 月东风 4B 型内燃机车下线

从 20 世纪 90 年代开始，25G 型客车为代表的“红皮车”替代“绿皮车”的主力地位

2002 年 12 月 17 日，中国自行设计、拥有自主知识产权的高速电力动车组“中华之星”创造了当时的“中国铁路第一速”

2006 年，当时中国最大功率交流传动和谐 1 型电力机车下线，收获“重载之王”称号

以 C70 型通用敞车为代表的铁路货车时速提高到 120 公里，并增加了载重量

2007 年中国铁路第 6 次大提速，出现了中国高速列车品牌 CRH，命名为“和谐号”

整装待发的高铁列车

的步伐，产品技术实现了跨越式发展。按照国务院“引进先进技术、联合设计生产、打造中国品牌”的要求，在铁道部的统一组织下，中车就引进时速200公里及以上速度等级的动车组，与世界名企进行了艰苦细致的谈判，签订了技术转让协议，建立了合作关系。2006年，和谐号CRH1型、CRH2型电力动车组先后落成并投入批量生产，最高时速分别达到200公里、250公里。2007年，和谐号CRH5型电力动车组落成投产。2008年，和谐号CRH3型电力动车组落成并投入批量生产，最高运行时速达350公里。技术引进，虚心学习，只是中车人打造高铁的第一步，对先进技术消化吸收，并实现自主创新，才是中车真正的担当与使命。2010年至2011年，中车研制出和谐号CRH380A型电力动车组、和谐号CRH380BL型电力动车组，设计运营时速均为380公里，京沪高铁试运时，创下486.1公里最高时速，表明中国轨道交通装备企业已经掌握了高速动车组、大功率交流传动机车系统集成技术、车体转向架技术、交流传动及控制技术、列车网络控制技术等核心技术，产品研发整体技术实力步入

具有完全自主知识产权的“复兴号”高速动车组

世界同行业前列。铁道部招标采购的电力内燃机车已全部为交流传动产品，实现了中国铁路运输由快速向高速、由直流传动向交流传动的历史性跨越。中国中车用自主创新，为中国推开了高铁时代之门。自主创新，正是中车人传承红色基因以实现创造新世界之历史使命的行动体现。

2015 年 7 月 17 日，习近平总书记莅临中车调研，对中车的干部、职工语重心长地说，高铁动车体现了中国装备制造业水平，在“走出去”“一带一路”建设方面也是“抢手货”，是一张亮丽的名片。习近平总书记希望高铁建设再接再厉、创新驱动，继续领跑、勇攀高峰，带动整个装备制造业形成比学赶帮超的局面。中车人牢记习近平总书记的指示，不断加强自主创新，继续追梦前行。2016 年，时速 350 公里的中国标准动车组取得型号合格证和制造许可证，投入市场；时速 250 公里的中国标准动车组研发工作有序推进①。当年 2 月，由中车研制的中国标准动车组 CRH-0503 完成难度最大的互联互通试验，至此，中国标准动车组 66 项型式试验完成了 62 项。7 月 15 日，中国中车自主研制设计的两列中国标准动车组以 420 公里的时速在郑徐客运线

①《中国中车年鉴》编委会. 中国中车年鉴（2017）. 北京：中国铁道出版社，2017：155.

党旗下，高铁工人许下铮铮誓言

上成功完成交会试验，相对时速超过 840 公里，相当于每秒 233.33 米，交会时间约 0.9 秒。12 月下旬，中国标准动车组正式完成 60 万公里运营考核，各项指标均达到设计要求[①]。2017 年 6 月 25 日，由中国铁路总公司牵头组织，中国中车研制，具有完全自主知识产权、达到世界先进水平的中国标准动车组被命名为“复兴号”。26 日，“复兴号”动车组率先在京沪高铁两端的北京南站和上海虹桥站双向首发，分别担当G123 次和G124 次高速列车[②]。中车人在新时代传承红色基因，就是要继续勇攀高峰，带动中国的装备制造业在复兴之路上提速前行。

党的领导，是中车红色基因形成的根本，也是中车红色基因发挥力量的根本。加强党建工作，是中国中车永葆红色基因的制度保障。中国中车站在铸造“国家名片”的战略高度认识新时代党的建设的责任使命，提出“打造受人尊敬的国际化公司，打造中国中车党建‘金名片’，培育具有全球竞争力的世界一流企业”的奋斗目标。中国中车党委印发《关于实施新时代高铁先锋工程，

① 《中国中车年鉴》编委会．中国中车年鉴（2017）．北京：中国铁道出版社，2017：92–104．

② 《中国中车年鉴》编委会．中国中车年鉴（2018）．北京：中国铁道出版社，2017：110.

社会各界参观王荷波纪念馆

打造中国中车党建“金名片”的指导意见》，坚持“一企业一特色、一支部一品牌、一党员一面旗”，推动党建基础规范化、党建管理信息化、党建活动项目化、党建作用可视化、党建考评系统化、党务培训阵地化、党务干部专业化、文化理念人格化、党建品牌谱系化。2017 年以来，中国中车党委先后确定党建“建强提升”“提质换挡”“成效跃升”“深度融合”“固化攀升”等工作主题，明确目标任务，强力实施推进，使党建“金名片”建设深入递进。党建“金名片”，红色基因传，由此有了制度和思想保障，中车人听党话，跟党走，递上了一张又一张亮丽的中国工业名片。

在中车红色基因的传承中，一批又一批劳模发挥了骨干作用，体现了劳模精神。习近平总书记指出：“在长期实践中，我们培育形成了爱岗敬业、争创一流、艰苦奋斗、勇于创新、淡泊名利、甘于奉献的劳模精神，崇尚劳动、热爱劳动、辛勤劳动、诚实劳动的劳动精神，执着专注、精益求精、一丝不苟、追求卓越的工匠精神。劳模精神、劳动精神、工匠精神是以爱国主义为核心的民族精神和以改革创新为核心的时代精神的生动体现，是鼓舞全党全国各族人

出口阿根廷的城轨列车

民风雨无阻、勇敢前进的强大精神动力。”[①]在新时代，劳模精神、劳动精神与工匠精神，继续引领着中车人创造领跑世界的中国轨道交通装备制造业。2016年4月12日，中国中车以“产业报国，勇于创新，为中国梦提速”为实质内涵的中国高铁工人精神，在国务院国有资产监督管理委员会新闻中心主办的国企精神研讨会上正式发表[②]。中国高铁工人精神，正是中国中车对劳模精神、劳动精神与工匠精神的具体化。在2020年11月24日的全国劳动模范和先进工作者表彰大会上，习近平总书记寄语工人阶级和广大劳动群众：“要发扬优良传统，承担历史使命，把党和国家确定的奋斗目标作为自己的人生目标，以民族复兴为己任，自觉把人生理想、家庭幸福融入国家富强、民族复兴的伟业之中，做新时代的追梦人。”[③]这是对新时代工人阶级传承红色基因的要求。中车人，也正是这样传承着红色基因，在新时代里奋勇前行！

① 习近平．论中国共产党历史．北京：中央文献出版社，2021：42．

②《中国中车年鉴》编委会．中国中车年鉴（2017）．北京：中国铁道出版社，2017：94．

③ 同①163．

2017年4月20日，习近平总书记到中车视察，指出一个国家一定要有正确的战略选择，我国是个大国，必须发展实体经济，不断推进工业现代化、提高制造业水平，不能脱实向虚。创新是引领发展的第一动力，要加强知识、人才积累，不断突破难题、攀登高峰，国有企业要做落实新发展理念的排头兵、做创新驱动发展的排头兵、做实施国家重大战略的排头兵①。这是总书记对中车的叮嘱，也是中车人为做强中国实体经济做贡献的动力。中车人忠诚地落实总书记对做强实体经济的要求，自2017年至2019年，主业实业收入占总营业收入比重每年持续增加，分别为83.05%、91.79%和92.50%。在2020年9月中国中车成立5周年之际，中车的四大业务齐头并进：在铁路装备业务方面，中国3万多公里的高速铁路网，中车提供了超过3 669组高速动车组，动车组全球市场占有率达65%，动车组平均故障率低于每百万公里0.43件，远优于世界通用安全标准的每百万公里2件，中车还累计交付各类机车4 800余台，为世界50多个国家提供了电力和内燃机车；在城轨及城市基础设施业务方面，中车累计交付各型城轨车辆近5万辆，中车产品被98%的中国城市轨道交通采用，并被出口到世界20多个国家和地区，智能运维系统大大降低了用户全生命周期的维护成本；在新产业业务方面，中车多点突破，新能源汽车累计销量43 000辆以上，风电装备销售规模已跻身行业前列，国产绝缘栅双极型晶体管（IGBT）在功率器件的市场占有率攀升至60%，并以每年200%的销售业绩增长，在海洋高端装备产业领域则填补了国家空白，环保产业亦迅速发展；在现代服务业方面，中车大力推进工业数字化，两化融合发展指数达到81.2，高于全国平均水平30%，智慧物流发展迅速，产融平台持续发力，有力支持了主业的发展②。中国中车作为央企重组改革的排头兵，作为中国高端装备制造业的领跑者，作为中国实体经济的中坚力量，继承了百年造就的红色基因，在中国共产党的领导下，继续与国家共命运，与时代同行，成为革命先驱曾经梦想的

① 中国中车．超越：中车五周年（2015—2020）（内部发行）．2020：6．

② 同①9–17．

2021 年 7 月 20 日，时速 600 公里高速磁浮交通系统下线

“传播文明的利器”！

习近平总书记指出：“人无精神则不立，国无精神则不强。唯有精神上站得住、站得稳，一个民族才能在历史洪流中屹立不倒、挺立潮头。同困难作斗争，是物质的角力，也是精神的对垒。”[①]中国中车是中国工业文化的产物与代表，也是中国红色文化的先锋与典范。作为中国工业文化的代表，中国中车为国家和民族创造了屹立于历史大潮的物质力量；作为中国红色文化的先锋，中国中车在中国共产党的领导下，以昂扬的精神在历史发展的每一个阶段履行自己的使命。勇担重任，敢于创新，时刻与国家同行，这就是中国中车的红色基因，它必将在企业中代代相传，并连接世界，造福人类，走向未来！

① 习近平．论中国共产党历史．北京：中央文献出版社，2021：41．